V&R

DIENST AM WORT
Die Reihe für Gottesdienst und Gemeindearbeit

Band 140

Vandenhoeck & Ruprecht

Hans Freudenberg

Christnacht feiern

15 (be)sinnliche Gottesdienste

Vandenhoeck & Ruprecht

Mit 25 Abb., zum größten Teil auch als Downloadangebot:
www.v-r.de bei der Anzeige des Titels

Bibliografische Information der Deutschen Nationalbibliothek

Die Deutsche Nationalbibliothek verzeichnet diese Publikation in der Deutschen Nationalbibliografie; detaillierte bibliografische Daten sind im Internet über http://dnb.d-nb.de abrufbar.

ISBN 978-3-525-59544-2
ISBN 978-3-647-59544-3 (E-Book)

Umschlagabbildung: © styleuneed – Folia.com

Satz: textformart, Göttingen
Druck und Bindung: ⊕ Hubert & Co, Göttingen

Gedruckt auf alterungsbeständigem Papier.

Inhalt

Vorwort

Als im Weihnachtsgottesdienst das Lukasevangelium gelesen wurde, hörte ich einen Jungen seufzen: „O Mann, die Geschichte kenn ich schon!“ Ich habe gelacht und gesagt: „Weißt du, du wirst sie jedes Jahr wieder hören am Heiligen Abend. Aber du wirst sie anders hören, weil du dich änderst und die Welt sich ändert.“

Margot Käßmann, Der Himmel öffnet uns die Tür, Freiburg i.B. 2009

Alle Jahre wieder will sich die alte Botschaft von der Menschwerdung Gottes neu vernehmbar machen, kommen Besucher in die Christmette, die häufig nicht den traditionellen Sonntags-Gottesdienst-Christen zuzurechnen sind, haben diese eher atypischen Gäste hohe und zugleich diffuse Erwartungen, die zwischen dem Wunsch nach traditionellem (Lied-)Gut und Innovativem, nach (Be-)Sinnlichem, behutsam Experimentellem und Alltagsbezug oszillieren.

Die nachstehenden Entwürfe basieren auf Gottesdiensten, die ich während vieler Jahre mit meiner Heimatgemeinde in der Christnacht gefeiert habe. Gemeinsame Merkmale der Modelle sind:

- eine vereinfachte Liturgie
- Variantenreichtum einerseits und
- Wiedererkennbarkeit in den Abläufen andererseits
- das Moment der Verfremdung, um das Geschehen der Heiligen Nacht immer wieder neu zu hören
- der meditative Charakter der Verkündigung
- die häufige Einbeziehung von Symbolen

- die Berücksichtigung von Texten, die nicht durch Instrumentalsierung in jeder Weihnachtsreklame stumpf geworden sind
- die Offenheit für Varianten und den Transfer in andere Verwendungssituationen.

Die Vorschläge sind eher Bausteine als ein „Fertighaus", sind darum an vielen Stellen bewusst offen gehalten und erfordern eine situations- und adressatenspezifische Modifikation, die nur mit Blick auf die eigene Gemeinde geleistet werden kann.

Alle Jahre wieder stehen wir vor der großartigen Aufgabe, die gottesdienstliche Gemeinde zum Staunen darüber einzuladen, wie sich der Himmel der Heiligen Nacht über einer gequälten Erde öffnet und in ihr Gottes neue Welt aufscheint.

Hans Freudenberg

15 GOTTESDIENSTE

1 WEIHNACHTSNÜSSE KNACKEN

Krippe in einer Amethystdruse © Gregor Telgmann
(Figuren aus Sterlingsilber, Unikat)

› MATERIAL / VORBEREITUNGEN ‹

Sie brauchen: Nüsse zum Verschenken an alle Gottesdienstbesucher; das Bild zur Projektion (als Download auf www.v-r.de bei der Anzeige dieses Titels) per Beamer oder Overhead-Farbfolie.

› VERLAUF ‹

Eingang	Musik	
	Begrüßung	z. B. mit **T1**
	Lied	EG 39,1–2
Mitte	Lesung 1	Lukas 2,1–7
	Lied	EG 39,3–4
	Lesung 2	Lukas 2,8–14
	Lied	EG 39,5–6
	Lesung 3	Lukas 2,15–20
	Lied	EG 39,7
	Meditation	→ **T2** mit Nuss und Bildprojektion
	Lied	EG 40,1.2.5
Ausgang	Gebet	z. B. mit **T3**
	Vaterunser	
	Lied	EG 44,1–3
	Segen	z. B. mit **T4**
	Nachspiel	Alle Gäste erhalten Nüsse

T1: Begrüßung

Als die Zeit erfüllt war – so heißt es im Galaterbrief – sandte Gott seinen Sohn, geboren von einer Frau ... damit wir die Kindschaft empfingen. Liebe Gemeinde, es ist wieder so weit: Wir begehen dieses unbegreifliche Wunder: Gott wird ein kleines Kind, damit wir wissen, dass wir in seinen Augen groß und kostbar sind.

T2: Meditation mit Nuss

P. hält gut sichtbar eine Nuss hoch

Liebe Gemeinde, Weihnachten ohne Nüsse und Mandeln? Eigentlich undenkbar, oder? Solange ich zurückdenken kann, selbst in den kärglichen Kriegszeiten, gehörten Nüsse zum Fest. Früher hingen Nüsse vergoldet als Schmuck am Weihnachtsbaum. Manchmal liegen sie in einer Schale und warten darauf, geknackt zu werden.

P. nimmt unterschiedliche Nüsse in die Hand und betrachtet sie

Wie unterschiedlich sie aussehen und sich anfühlen:

- glatt, rund und ebenmäßig – die Haselnuss,
- rau, kantig und steinhart – die Paranuss,
- mit tiefen Furchen – wie das Gesicht eines alten Menschen, reich an Jahren, reich an Erfahrung: die Walnuss.

Aber eigentlich kommt es gar nicht auf die Schale an, sondern auf den Kern im Innern, auf das Geheimnis, das die Nuss unter ihrer Schale birgt, süß oder herzhaft. Köstlich, nahrhaft und wohlschmeckend ist die Frucht.

Vorsichtig muss man vorgehen, um an den Kern der Nuss zu gelangen, ohne ihn zu verletzen.

P. knackt behutsam eine Nuss, hält sichtbar den Kern zwischen Daumen und Zeigefinger

Der Kern ist Träger verborgenen Lebens – unter harter Schale ist das Wesentliche, von außen unsichtbar, verborgen.

Zwischenmusik

Nüsse gehören zur Weihnachtszeit. Und: Eine Nuss ist mehr als eine Nuss. Sie ist ein aussagekräftiges Symbol, das über sich hinausweist.

Die Nuss: Zeichen für das Wesentliche, für das Innere, den Kern, der in der Schale verborgen liegt.

Weihnachten – Fest der Menschwerdung, der Fleischwerdung Gottes. Das heißt: Der Kern lässt sich in eine Schale fassen, wird äußerlich so hart oder weich, so rau oder glatt und so verletzlich wie wir.

Was für ein Gott! Auf Hoheit und „dreimal heilig" verzichtet er, verzichtet, um das zu werden, was auch wir werden sollen: Mensch. Um uns nah zu sein und uns zu retten.

Weihnachten: Gott wird Mensch, klein und unscheinbar wird Gott, ein Mensch und leicht zu übersehen, – vergleichbar mit der unscheinbaren Nuss, die Kostbares birgt.

Wer dem Mensch werdenden Gott begegnen will, das Geheimnis seiner Menschenfreundlichkeit entdecken will, der muss sich bücken, muss Nüsse knacken, um zum Kern des göttlichen Geheimnisses vorzudringen.

Dieses Kind der Niedrigkeit bricht die harte Schale auf, die Herzen und Verhältnisse hart macht: den harten Panzer der Lieblosigkeit, des Unfriedens, des Rechthabenwollens.

Im Kern seiner Geburt ist das Programm seines Lebens schon angelegt, eine Lebens- und Liebesbotschaft, die unsere engen, harten Grenzen sprengt.

Zwischenmusik; Beginn der Bildprojektion

Die Kunst des Mittelalters hat die Bilder von Nuss und Schale und Kern schon sehr früh ikonografisch auf Christus bezogen: auf seine Geburt ebenso wie auf den wiederkommenden Christus. Und jedes Mal liegt sein Geheimnis vor der Welt verborgen. Nur in der persönlichen Begegnung wird er erkannt, kann er wirken. Und dann für einen heiligen Herzschlag oder Augenblick. Wem das geschieht, der nimmt von da an die Gewissheit mit: In der harten Schale unserer Welt ist ein wunderbarer Kern zu finden: Jesus Christus.

Zumeist sind diese „Nuss"-Bilder des Mittelalters (man sagt dazu: Mandorla) als Miniaturen angelegt. Die Plastik, die wir hier sehen, hat der Kamener Künstler und Goldschmied *Gregor Telgmann* in Aufnahme dieser mittelalterlichen Tradition geschaffen: Sie sehen hier den Mensch gewordenen Gott als filigrane Goldschmiedearbeit, hineinkomponiert in eine Steindruse.

Ich empfinde diese „Nuss aus Stein" wie eine Metapher für Schutz und Eingehüllt-Sein, für Arche und bergenden Ort, für Zuwendung zueinander und verbindende Harmonie, für Hören und Sehen, für Konzentration und Achtsamkeit.

Vielleicht werden einige sagen: Das ist doch nur eine verlogene Familienidylle; der Friede ist trügerisch! Doch das Bild der Arche lässt mich an meine eigenen Ängste und Sehnsüchte denken – hier haben sie ihren Raum! Das „Fürchtet euch nicht" (Lukas 2,10) gilt auch hier und jetzt.

Das verbindende Ineinander in Gregor Telgmanns Weihnachtsplastik ist transparent auf das hin, was in unserer Welt auseinandersprengt, was ohne Ort, was un-ordentlich ist.

Ordnung ist eine göttliche Kategorie, ist ein sehnsuchtsvolles Geschenk und ein Versprechen. Das göttliche Kind stiftet damals und stiftet heute Gottes verbindende, Leben schaffende Menschenfreundlichkeit in diese heillose Welt hinein.

„Jedes Mal, wenn einer dem anderen Liebe schenkt, wenn die Not des Unglücklichen gemildert wird, steigt Gott herab vom Himmel und bringt das Licht: Dann ist Weihnachten", heißt es in einem Lied aus Tahiti.

Alles in der Arbeit des Goldschmieds ist auf das Kind hin orientiert: der Blick der Mutter, der Blick und Gestus des Vaters, die Diagonale, die alle drei verbindet.

In ihm, auf den alles zuläuft, in ihm, der neue Maßstäbe der Menschlichkeit setzt, in ihm ist das Leben. Amen.

› T3: Gebet

Ach, Herr, wenn wir das könnten:
uns nicht an Ruhm und Macht,
Geld und Ehre klammern,
Loslassen.

Wenn wir das könnten
in unserem Alltag,
in unserem privaten Miteinander.
Wenn sie das könnten, unsere Großen:

Menschen, die sich an Ämter klammern,
die die Betroffenen ihnen längst aberkennen.
Menschen, die sich an Posten klammern,
für die längst andere an der Reihe wären.

Wir sind so gern wichtig, lieber Gott.
Ob wir von dir nicht lernen können?
Gib uns von deiner Kraft, von deinem Mut –
und dann – Herr, du bist groß –:
von deiner Liebe und Demut! Amen.

› T4: Segen

Geht als Beschenkte und Gesegnete in diese Heilige Nacht. Geht mit der Gewissheit: Hoffen macht jung, Hoffen macht reich, im Hoffen kann alles geschehen, und wer hofft, darf alles erwarten. Amen.

2 BILDER GEGEN DAS VERGESSEN

Weihnachtskrippe der kath. Gemeinde St. Michael in Göttingen, © Markus Eidt

› MATERIAL / VORBEREITUNGEN ‹

Sie brauchen drei Fotos zur Projektion: zum Beispiel aus der Krippe von St. Michael Göttingen, s. www.v-r.de bei der Anzeige des Titels.

› VERLAUF ‹

Eingang	Gitarren-Ensemble	
	Begrüßung	z. B. mit **T1**
	Lied	EG 36,1–6
Mitte	Lesung	Lukas 2,1–20
	Lied	EG 37,1–4
	Predigtgedanken	→ **T2** mit drei Bildern (Projektion)
	Lied	EG 16,1–3.5
Ausgang	Gebet	z. B. mit **T3**
	Vaterunser	
	Lied	EG 44,1–3
	Segen	z. B. mit **T4**
	Nachspiel	

› T1: Begrüßung

Herzlich willkommen zur Feier der Heiligen Nacht!
Singend und hörend, betend und musizierend
soll lebendig werden, was diese Nacht
von allen anderen Nächten unterscheidet.

Gitarren begleiten uns durch diese Nacht.
Sie können laute und leise Töne anstimmen,
fröhlich, geradezu schmissig,
aber auch nachdenklich und besinnlich.
Euch und Sie alle stimme ich mit Gedanken von
Brigitte Messerschmidt in unseren Gottesdienst ein:
Wir suchen – und wissen oft nicht, was.
Wir warten – und wissen oft nicht, auf wen.
Wir feiern – und wissen oft nicht, warum.
Wir hören – und verstehen oft nichts.

In Gottes Namen feiern wir diesen Gottesdienst,
im Namen des Vaters und des Sohnes
und des Heiligen Geistes.
Amen.

› T2: Predigtgedanken

Liebe Gemeinde: Fragen Sie Kinder, fragen Sie Jugendliche nach dem schönsten Fest des Jahres – ich bin sicher: 90 % werden ohne langes Nachdenken sagen: „Das ist Weihnachten!“

Für diese herausragende Einschätzung gibt es viele plausible Gründe: Die Lichtsymbolik in dunkler Zeit, schenken und beschenkt werden, die vielen verlockenden weihnachtlichen Düfte, das Gemütvolle dieses sehr traditionsgesättigten Festes, Weihnachten als Familienfest.

Besonders bei Älteren kommt hinzu: die Erinnerung. Es ist ja so: Feste verdichten und aktualisieren Erinnerungen. Auch Weihnachten tut das. Tut das sogar in besonderem Maß.

Und welche Erinnerungen und Ursprungsinhalte verbinden bereits Kinder und Jugendliche mit Weihnachten? Eine Umfrage aus diesen Tagen unter 6- bis 12- Jährigen zum Sinn des Weihnachtsfestes fällt ernüchternd aus:

39 % der Befragten hatten keine Ahnung, warum Weihnachten eigentlich gefeiert wird (in den Neuen Bundesländern: 54 %, in Westdeutschland: 36 %). Unter den Vermutungen, die geäußert wurden, waren solche wie: „dass Winter ist“ oder: „Da ist der Weihnachtsmann gestorben.“

15 % waren immerhin auf der richtigen Spur und vermuteten: „Das hat wohl mit Jesus zu tun.“

Eine Legende aus dem chassidischen Judentum kann vielleicht Trost spenden gegen die Melancholie säkularer Vergesslichkeit:

Wenn der Baalschem (der Begründer des Chassidismus zu Beginn des 18. Jahrhunderts) etwas Schwieriges zu erledigen hatte, so ging er an eine bestimmte Stelle im Walde, zündete ein Feuer an und sprach Gebete – und alles geschah, wie er es sich vorgenommen hatte.

Wenn eine Generation später der Maggid von Meseritz dasselbe zu tun hatte, ging er an jene Stelle im Walde und sagte: „Das Feuer können wir nicht mehr machen, aber die Gebete können wir sprechen“ – und alles ging nach seinem Willen.

Wieder eine Generation später sollte Rabbi Mosche Leib aus Sassow jene Tat vollbringen. Auch er ging in den Wald und sagte: „Wir können kein Feuer mehr anzünden und wir kennen auch die geheimen Meditationen nicht mehr, die das Gebet beleben; aber wir kennen den Ort im Walde, wo all das hingehört, und das muss genügen.“– Und es genügte.

Als aber wieder eine Generation später Rabbi Israel von Rischin jene Tat zu vollbringen hatte, da setzte er sich in seinem Schloss auf einen goldenen Stuhl und sagte: „Wir können kein Feuer mehr machen, wir können keine Gebete sprechen, wir kennen auch den Ort nicht mehr, aber wir können die Geschichte davon erzählen.“

Und – so fügt der Erzähler hinzu – seine Erzählung hatte dieselbe Wirkung wie die Taten der drei anderen.“

Ich verstehe die Geschichte – auch im Blick auf Weihnachten – so: Einkleidungen und Attribute können wechseln, entfallen, in Vergessenheit geraten; die Ursprungsgeschichte jedoch ist nicht tot – trotz des Verlustes an Bibel- und Brauchtumswissen und des Verdampfens religiöser Traditionen.

Das geheime Leben auch in der Weihnachtsgeschichte, die „Glut unter der Asche“, kann heute oder übermorgen in dir oder mir neu aufblühen. In einer Zeit verlöschender Träume und unruhiger Herzen ist Weihnachten als not-wendende Erinnerungswerkstatt unverzichtbar zu installieren.

Was könnte der Inhalt dieser „Erinnerungswerkstatt Weihnachten“ sein? Von welchem „geheimen Leben“ kann diese „Heilige Nacht“ einer traumverlorenen Welt erzählen?

Ich versuche eine Antwort in drei Bildern:

Bild 1

In einem *Kind* kommt Gott zur Welt – schreiend und lachend, niesend und strampelnd, in einem Kind – jenem Wunder an Leben, das nicht überbietbar ist.

In einem Kind kommt Gott zur Welt, ängstlich, schutzbedürftig, träumend.

In einem Kind kommt Gott zur Welt – Platzhalter für das Geheimnis der Welt, neues Leben in die Welt tragend, wie nur ein Kind Zeichen des Neuanfangs sein kann, die Kostbarkeit des Neuanfangs auch für uns.

Bild 2

Die vorweihnachtliche Zeit stand und steht nicht unter dem Vorzeichen entspannter Ruhe und Besinnlichkeit – viele Menschen sind gehetzt, unruhig, kommen nicht zu sich selbst und zum Kern des Festes.

Die *Lichter* in unseren Städten, Geschäften und Siedlungen sind viel zu hell – das Dunkel wird künstlich aufgehellt und weggegleißt; die verkaufsfördernde Hintergrund*musik* – viel zu laut und klischeehaft. Ein neueres Lied kleidet in Worte und Noten, was uns – auch im Sinne der Erinnerungswerkstatt – dem Geheimnis von Weihnachten näher bringen und unseren aufgescheuchten Seelen gut tun könnte:

Zeit für Ruhe

Text: Gerhard Krombusch, Musik: Ludger Edelkötter

Zeit für Ruhe, Zeit für Stille,
Atem holen und nicht hetzen,
unser Schweigen nicht verletzen.
Lasst uns in die Stille hören.

Das Gotteskind in Bethlehems Stall lädt uns ein, lädt immer wieder ein, seit 2000 Jahren: Kommt herein, leise und behutsam, so wie Kinder, die ein Geheimnis entdecken:

leise, um den Atem des Kindes zu spüren und den eigenen staunenden Herzschlag obendrein.

Leise, damit du das neue Lied vernehmen kannst, das das Gotteskind in eine streitbare, angstbesetzte, lärmende Welt hineinträgt, das Lied, das davon singt,

- dass das Leben, *jedes* Leben gut und kostbar ist und Göttliches in sich trägt
- dass Gott das Leben, *jedes* Leben, liebt
- dass nicht die Macher auf der Überholspur des Lebens, sondern die Sanftmütigen letztlich gewinnen (Matthäus 5)
- dass in Gottes neuer Welt alle Tränen abgewischt werden sollen (Offenbarung 21).

Leise Töne sind das, die da in der Weihnachtsnacht anklingen und leicht überhört werden können: „Viele Laute sind ganz leise, singen alle ihre Weise. Leise Laute sind so schön, dürfen nicht verloren gehen."

Bild 3

Das Gotteskind in Bethlehems Stall verbindet, was sonst in Spannung zueinander steht: Hirten und Könige, Menschen und Tiere, Vergangenheit und Gegenwart. Und in allem: Himmel und Erde.

Lassen Sie sich von dem Kind im Stall gewinnen, in Ihren Familien, in Ihrer Nachbarschaft, in Ihrer Umgebung Spannungen abzubauen, Versöhnung zu suchen und Brücken zu schlagen.

Weihnachten darf nicht in Vergessenheit geraten, um unserer selbst Willen darf es das nicht.

Selbst wenn sich nur dieses *eine* Erinnerungsbild in unsere Seelen einbrennen würde, dass schon einmal – vor 2000 Jahren – der Himmel aufgegangen ist, in jener Nacht aller Nächte der Himmel die Erde berührte und Gott zur Welt kam – in einem Kind ... ach, das wäre ja mehr als genug! Genug, um die Sehnsucht zu nähren, neue Träume zu träumen und Hoffnung zu haben, vielleicht so, wie wir es hier in einem Gedicht von *Carola Moosbach* entfaltet finden:

Advent vielleicht

Das wäre schön auf etwas hoffen können
was das Leben lichter macht und leichter das Herz
das gebrochene ängstliche
und dann den Mut haben die Türen weit aufzumachen
und die Ohren und die Augen und auch den Mund
nicht länger verschließen
das wäre schön
wenn am Horizont Schiffe auftauchten
eins nach dem anderen
beladen mit Hoffnungsbrot bis an den Rand
das mehr wird immer mehr
durch Teilen
das wäre schön
wenn Gott nicht aufhörte zu träumen in uns
vom vollen Leben einer Zukunft für alle
und wenn dann der Himmel aufreißen würde ganz plötzlich
neue Wege sich auftun hinter dem Horizont
das wäre schön

Carola Moosbach
Lobet die Eine. Schweige- und Schreigebete,
Matthias-Grünewald-Verlag, Mainz 2000

Ich wünsche uns, dass Gott in uns träumt und aus dem Traum der Nacht immer wieder die Erkenntnis des Tages wird.

Ich wünsche uns offene Augen und ein empfindsames Herz – für die neuen Wege, die sich hinter dem Horizont auftun und die bei dem Kind im Stall ihren Ausgang nehmen – in dieser Heiligen Nacht. Amen.

› T3: Gebet

Herr, die Kleinen liegen dir am Herzen,
die Arglosen, die Sanftmütigen, die, die
sich nicht wehren. So sehr liegen sie dir am
Herzen, dass du wie sie geworden bist:
Arglos, wehrlos, Kind in der Krippe.
Mach, dass wir lernen, dich so zu sehen,
dich so zu lieben, dich so anzubeten:
den Herrn, der ohne Machtgehabe kommt.
Gib uns von deiner Liebe und Gnade,
gib uns, von Herzen demütig zu sein. Amen.

› T4: Segen

Und Gott, der Herr, segne dich;
Er komme neu zur Welt in dir.
Sein Licht mache dein Leben hell
Und seine Kraft sei in dir mächtig,
auf dass du wachsen mögest
in wahres Menschsein hinein. Amen.

3 IN WINDELN GEWICKELT

Jesus in Windeln. Auf einem Sarkophag, Ende des 4. Jh.; Mantua Kathedrale

› MATERIAL / VORBEREITUNGEN ‹

Aus Baumwollwindeln Windelstücke schneiden (ca. 10 cm mal 10 cm), grün färben – für jeden Gottesdienstbesucher am Eingang bereithalten; Bild zur Projektion: www.v-r.de.

› VERLAUF ‹

Eingang	Musikalische Einstimmung	
	Begrüßung	z. B. mit **T1**
	Lied	EG 48,1–3
Mitte	Lesung	Lukas 2,6–12 entsprechend **T2**
	Lied	EG 27,1–6
	Ansprache	→ **T3** evtl. mit Projektion
	Lied	EG 24,1–2.5.11
Ausgang	Lobgesang	**T4**
	Vaterunser	
	Lied	EG 16,3
	Segen	
	Nachspiel	

T1: Begrüßung

Herzlich heiße ich Sie zur Heiligen Nacht in unserer Kirche willkommen. Heute Nacht ist es wieder so weit: Gott setzt seinen Fuß auf die Erde.

Als Mensch gibt er sich uns zu erkennen, als kleines Kind in einer Krippe. Und mit diesem Kind fällt Licht in die finstere Welt, Licht, das sichtbar wird in einem dunklen Stall.

Wenn das Oben so zum Unten wird und das Unten zum Oben – dann geschehen wohl Wunder. Dann kommen himmlische Engel zur Erde und ganz irdische Hirten werden zu Hoffnungsträgern.

Und der Mutter des Kindes – das könnte doch sein – ist selbst der Geruch, der aus den groben Windeln steigt, so lieb und so heilig wie Weihrauch.

T2: Zur Lesung aus Lk 2

Wir hören Ausschnitte aus der Weihnachtsgeschichte, wie der Evangelist Lukas sie aufgeschrieben hat. Jeder kennt sie – seit den Tagen der Kindheit –: die Geschichte von der wundersamen Geburt des Kindes, von Maria und Josef und Gott, von Engeln und Hirten.

Weder ihr Alter noch ihr Bekanntheitsgrad sprechen dagegen, diese Geschichte auch heute wieder zu hören. Auch bekannte Geschichten bergen immer noch Geheimnisse, auch alte Geschichten können überraschend jung und aktuell sein.

Da wird erzählt, wie sich Josef mit seiner schwangeren Braut Maria im Zuge der verordneten Steuerschätzung auf den Weg nach Bethlehem macht, in die Stadt seines Vorfahrens David:

Und als sie dort waren, kam die Zeit, dass sie gebären sollte. Und sie gebar ihren ersten Sohn und wickelte ihn in Windeln und legte ihn in eine Krippe; denn sie hatten sonst keinen Raum in der Herberge. (Lk 2,6–7)

Hirten sind die ersten Zeugen und Weihnachtsgäste. Hirten, die auch die Nacht bei ihren Herden verbringen. Sie, die sonst nichts so leicht erschrecken kann, „fürchteten sich sehr", als der Engel zu ihnen trat und „die Klarheit des Herrn" um sie leuchtete:

Und der Engel des Herrn sprach zu ihnen: „Fürchtet euch nicht! Siehe, ich verkündige euch große Freude, die allem Volk widerfahren wird; denn euch ist heute der Heiland geboren, welcher ist Christus, der Herr, in der Stadt Davids. Und das habt zum Zeichen: Ihr werdet finden das Kind in Windeln gewickelt und in einer Krippe liegen." (Lk 2,10–12)

› T3: Ansprache

Liebe Weihnachtsgemeinde! Wenn Könige und Gotteskinder geboren werden, sind starke Zeichen gefragt: Die Welt hält den Atem an, Feuerwerke werden abgebrannt, das Fernsehen überträgt live. Das Baby trägt schon die Zeichen der Macht. Die Mächtigen der Welt schicken Depeschen.

Wenn Könige geboren werden – das gibt einen großen Bahnhof.

Zwischenmusik

Und Jesus? Wo sind die Zeichen der Macht bei seiner Geburt? „Und das habt zum Zeichen: Ihr werdet finden das Kind in Windeln gewickelt …" – Vielleicht nehmen Sie jetzt das Stück Windel in die Hand, das wir Ihnen beim Ankommen geschenkt haben. Was für ein merkwürdiges Zeichen der Weihnacht!

Windeln sind anrüchig: Urin und Stuhl nehmen sie auf; und alltäglich sind sie, ganz gewöhnlich; Millionen von Babys trugen und tragen sie! Kein Duft stinkt gegen sie an.

Auch in der Umgangssprache sind Windeln nichts sonderlich Positives: Jemand ist schief gewickelt. Oder ein gewalttätiger Zeitgenosse schlägt sein Opfer „windelweich".

Windeln – was für ein merkwürdiges Zeichen der Weihnacht!

Zwischenmusik

„Und das habt zum Zeichen …" – Zeichen müssen eindeutig sein, wenn sie verstanden werden sollen. Für die Hirten sind die Windeln offensichtlich eindeutige Zeichen.

Windeln sind etwas Handfestes und Nützliches. Hirten kennen Windeln aus ihren Familien, raue, löchrige Lappen. Windeln stehen fürs Einhüllen und Kuscheln, für Geborgenheit und Schutz. Windeln erinnern an einen Kokon …

Zwischenmusik

„Und das habt zum Zeichen …" – Windeln, so begreife ich mit den Hirten, sind das authentische Zeichen für den Mensch gewordenen Gott. Den Gott, der menschliche Züge annimmt, die Züge eines Windelträgers, eines Kleinkinds. Wie jeder Mensch, arm oder reich, hoch stehend oder niedrig, trägt Gott Windeln – lässt sich wickeln – angewiesen auf sorgende, helfende, liebende Hände. Ausgeliefert, wenn wir so wollen. Mir so sehr ähnlich …

Mit den Hirten begreife ich: Die Windel und ihr Inhalt – mein persönliches Weihnachtsgeschenk! Windeln kann man übrigens auch als Taschentücher benutzen und damit Tränen abwischen – eigene und fremde.

Windeln und Krippe sind die Zeichen einer ganz besonderen Macht – der Macht der freiwilligen Ohnmacht Gottes. Oder soll ich sagen: der Liebe?

Lasst uns immer wieder nach Bethlehem aufbrechen, wo Gottes Sehnsucht nach uns begann und unsere Sehnsucht ihr Echo findet. Amen.

› T4: Lobgesang zu Weihnachten

Wir loben dich, Gott,
weil du dir aus Macht nichts machst und deine Ohnmacht die Mächtigen beschämt;
weil Krippe und Stall deine Wohnung werden und du denen nahe bist, die wie du ohne Haus und Ansehen sind;
weil du verbindest, was getrennt ist, und heilst, was unheil ist;

weil du tröstest, was traurig ist, und ins Licht stellst, was im Dunkeln wohnt;
weil du geworden bist, was wir sind – Mensch.
Lass uns dich bei *den* Menschen suchen und finden,
deren Hoffnung klein und deren Misstrauen groß ist,
die vor den Trümmern ihrer Häuser und ihres Lebens stehen.
Sie und uns lass Frieden und Versöhnung finden in dem Zeichen, das du deiner Welt geschenkt hast.

4 HIMMLISCHE DÜFTE

› MATERIAL / VORBEREITUNGEN ‹

Etwa eineinhalb Stunden vor Gottesdienstbeginn werden an verschiedenen Stellen des Gottesdienstraums Duftkerzen, Weihrauch, Duftlämpchen entzündet.

Falls für die musikalische Einstimmung und für die Zwischenmusiken keine Instrumentalisten zur Verfügung stehen, können Tonträger mit meditativer Musik Verwendung finden.

› VERLAUF ‹

Eingang	Musikalische Einstimmung	
	Begrüßung	z. B. mit **T1**
	Lied	EG 9,1 und 3–4
Mitte	Ansprache in vier Teilen	mit **T2** und Lied „Steh auf, Nordwind“
	Lied	EG 37,1.2.4
Ausgang	Gebet	**T3**
	Vaterunser	
	Lied	EG 37, 6.7.9
	Segen	
	Nachspiel	

› T1: Begrüßung

Wie duftet es hier! So mag es bei Ihnen zu Hause geduftet haben, beim Lebkuchenbacken oder in den Adventsfeierstunden. Nach Zimt und Mandeln, nach Nelken und Kardamom.

Wie duftet es hier! So mag es geduftet haben, als Maria schwanger durch den Dornwald ging – und aus den Dornen wuchsen Rosen.

Wie duftet es hier! So mag es geduftet haben, später in den Tagen der Weihnacht, als die Weisen aus dem Morgenland kamen und ihre Gaben darboten. Weihrauch darunter.

Wir feiern gern mit allen Sinnen – und so werden heute Nacht einmal ganz besonders die Riechorgane angesprochen. Ich möchte Ihnen eine Duftspur legen und mit auf den Weg geben – und hoffe, dass Sie lange daran denken.

› T2: Ansprache in vier Teilen

Ein Korb mit Gewürzen steht auf der Kanzel. Pfarrer / Pfarrerin hebt das eine oder andere Döschen hoch.

Düfte, Aromen, Gewürze haben Menschen schon immer fasziniert. Die Harze und Hölzer, die den Alltag umhüllen und verwandeln, sind wie Grüße aus einer anderen Welt. Was haben Sie in der Nase, wenn Sie hören: Orient, Basar, Marrakesch, Istanbul … ? Die Welt der Weisen aus dem Morgenland. Sie werden kommen, auch dieses Jahr … nächste Woche spätestens hören wir wieder von ihnen und ihren Gaben.

Zwischenmusik

Einstweilen aber riecht die Weihnachtsgeschichte noch weniger lieblich. Wir haben in dem elenden Stall mit einer Mischung aus fettiger Wolle, Schaf- und Ziegendung, Stroh und Heu zu rechnen. Dazu die Körpergerüche der Hirten (allzu oft baden die wohl nicht), ihrer Kleider mit den Aromen von Lagerfeuer, Asche und Staub. Und dann die Geburt. So selten wird sie erwähnt: Es müssen wohl Wehen dabei gewesen sein und dann auch Schweiß und Blut und Schmerzen.

Zwischenmusik

In diese ländliche Welt der ganz irdischen Umstände bricht die Welt der himmlischen Düfte ein. Weihrauch und Myrrhe, die kostbaren Gaben, die die Heiligen Männer dem Heiland der Welt in den Futtertrog legen – sie sind nicht nur Huldigungsgeschenke für den Arme-Leute-König.

Für die Alten repräsentierte der Duft von Weihrauch und Myrrhe den Himmel auf Erden, sind diese beiden Düfte Sendboten einer anderen, besseren Welt.

Weihrauch: Öliges kostbares Harz aus der Rinde des Boswellia-Baumes gewonnen; über die Weihrauchstraße aus Arabien und Ostafrika von Karawanen in wochenlangem Transport herangetragen; seit Jahrtausenden in Tempeln und auf Altären verbrannt, Gebete und Opfer begleitend, anregend und erhebend; geeignet, Gott zu versöhnen. Atembeschwerden lindernd und Wunden heilend, vielleicht auch die, die uns kürzlich zugefügt wurden?

Myrrhe: Gleichfalls ein Harz, wohlriechend, dem Balsam-Baum abgewonnen; weißlich bis rot sind seine Körner. Gefragtes Parfum, gebraucht im Tempel- und Totenkult. Hilfreich bei Erkältung – auch gegen die Kälte in unserer Welt? Schmerz lindernd (vgl. Mk 15,23), erquickend und reinigend.

Lied

Steh auf, Nordwind

Text und Musik: Ingeborg Schwiebert

Begleitung:
Teil A: Metallophon (siehe Noten)
Teil B: Triangel auf Schlag "1" und "3"

Der himmlische Duft – Himmelstau – und der Geruch des irdischen Lebens …

Weihrauch und Myrrhe: zwei wunderbare Düfte, nicht etwa „Opium fürs Volk“, wie Karl Marx meinen würde, nicht narkotisierend und vertröstend, sondern aufrüttelnd, weckend zu neuem Mut und neuer Lebensfreude, Künder einer neuen, Sinn stiftenden Lebensdimension.

Weihrauch und Myrrhe – Boten der Ewigkeit, Ahnungen des großen Geheimnisses Gottes.

Weihrauch und Myrrhe – zwei wunderbare Düfte, die sich unseren „Duftmarken“ (Was bringt mir das? Was kostet das? Was bringt mich auf den Spitzenplatz?) entgegenstellen.

Gott wird Mensch – Leben ist und lebt von Liebe, Leben gründet sich nicht in uns selbst, sondern lebt von Voraussetzungen, die wir nicht gelegt haben.

Weihrauch und Myrrhe – zwei wunderbare Düfte, des Himmels, des Paradieses. Gott bringt uns über unsere Sinne zur Besinnung. Mach's wie Gott – werde Mensch. Mit himmlischen Düften mischt sich Gott in unseren Alltag. Amen.

T3: Gebet

Herr, du füllst unser Leben mit deiner Güte.
Mit deinem Geist. Mit deiner Gegenwart.
Schaffe dir Raum in uns,
damit wir dich einlassen in unser Leben,
in unseren Alltag – mit allen Sinnen:
hörend und sehend, riechend und schmeckend
und fühlend. Mit all unseren Sinnen, Herr,
bring uns zur Besinnung. Amen.

5 ENGEL – UNTERWEGS IN GOTTES NAMEN

Engel aus Sterlingsilber mit Blattgold
© Stephanie Telgmann (Unikat)

› MATERIAL / VORBEREITUNGEN ‹

Das Engelbild soll im Gottesdienst projiziert werden (auffindbar unter www.v-r.de als Download bei der Anzeige des Titels). Auch als Handzettel zum Mitnehmen ist es gut geeignet.

› VERLAUF ‹

Eingang	Musikalische Einstimmung	
	Begrüßung	z. B. mit **T1**
	Lied	EG 25,1–3 und 6
Mitte	Wechselpsalm	**T2** (nach Psalm 91)
	Ansprache	mit **T3**
	Lied	EG 40,1 und 3
Ausgang	Gebet	**T4**
	Vaterunser	
	Lied	EG 40,5
	Segen	
	Nachspiel	

› T1: Begrüßung

Herzlich willkommen zur Feier der Heiligen Nacht! Herzlich willkommen zum Singen und Loben, zum Entdecken und Staunen über das, was in dieser Nacht geschah und immer wieder neu unter uns geschieht.

Engel, diese Symbole der Nähe und Fürsorge Gottes, begleiten uns in diese(r) Nacht.

Die Sehnsucht nach Engeln ist groß, die Sehnsucht nach Begleitung und Stärkung, nach Hellem und Wunderbaren in einer Welt, die Schatten wirft und oft vergeblich auf Wunder hofft.

Engel, diese leichtfüßigen Grenzgänger zwischen Himmel und Erde, zwischen Gott und seiner Welt, sind Leitmotive in den Liedern und Texten dieses Gottesdienstes – in der Predigt wie in den Gebeten und Segenswünschen.

Gottes Engel begleite uns durch diese Heilige Nacht, im Namen des Vaters und des Sohnes und des Heiligen Geistes. Amen.

› T2: Wechselpsalm

Pfarrer/in

Es wird dir nichts Böses geschehen
und dich wird nichts plagen.
Du wirst dich nicht verletzen
und deinen Fuß nicht an Steinen wundstoßen,
die im Weg liegen.

Gemeinde

Denn Gott wird dich beschützen
mit den Flügeln seiner Engel.

Pfarrrer/in

Unter ihre Flügel kannst du flüchten,
wenn das Grauen der Nacht dich verfolgt;
und unter ihre Fittiche dich bergen,
wenn die Pfeile des Tages dich jagen.

Gemeinde

Denn Gott wird dich beschützen
mit den Flügeln seiner Engel.

Pfarrrer/in

Gott hat seinen Engeln ans Herz gelegt,
dass sie dich behüten,
dich umgeben und nie mehr verlassen
auf deinen Lebenswegen.

Gemeinde

Denn Gott wird dich beschützen
mit den Flügeln seiner Engel.

Pfarrrer/in

Und wenn es sein muss,
tragen sie dich auf ihren Händen in den Zeiten,
die für dich nicht zu ertragen sind.

Gemeinde

Denn Gott wird dich beschützen
mit den Flügeln seiner Engel.

Pfarrrer/in

Wenn deine Schritte müde geworden sind
und dein Kopf ist schwer,
dann helfen seine Engel dir wieder auf
und du wirst sehen,
wie leicht dein Leben wieder werden kann.

› T3: Ansprache

Weihnachtszeit ist Engelzeit. Allgegenwärtig sind diese himmlischen Boten

- auf Einkaufstüten und als Festreklame
- in Ton gebrannt und Holz geschnitzt
- die Auslagen der Schaufenster zierend
- in Liedern und auf Postkarten
- in keinem Krippenspiel dürfen sie fehlen,
  diese Zwischenwesen zwischen Geist und Kuscheltier.

Weihnachtszeit ist Engelzeit. Dieser Engelboom in säkularen, nüchternen Zeiten ist schon merkwürdig. Ist der Himmel nicht längst leer?

„Es gibt keine Engel mehr, aber sie sehen nett aus" – diese Kinderäußerung zeigt den Zwiespalt: Der Verstand wehrt sich gegen jene himmlischen Wesen, auf die das Gefühl nicht verzichten will.

Engel sind auch Menschen willkommen, für die der Himmel eigentlich schon lange leer ist.

Zwischenmusik

Weihnachtszeit ist Engelzeit – auch und besonders in den biblischen Weihnachtsgeschichten und ihrem Umfeld. Sechsmal kommen hier Engel ins Spiel als Grenzgänger zwischen Himmel und Erde:

- Zweimal werden Engel im Vorfeld von Weihnachten zu Boten Gottes für gute Nachrichten, zu Kündern „guter Hoffnung“: Die Geburt des Johannes (Lk 1,8 ff.) und die Geburt des Jesuskindes, des Messias, (Lk 1,26 ff.) sagen sie den überraschten Eltern an.
- Ein Engel trägt die Botschaft von der Geburt des Gotteskindes und Erlösers hinaus zu den Hirten auf Bethlehems Felder (Lk 2,8 ff.).
- Ein himmlischer Engelchor stimmt das erste Weihnachtsoratorium an: „Ehre sei Gott in der Höhe!“ (Lk 2,13 ff.)
- Engel retten durch Traumbilder Beziehungen und Leben, behüten auf lebensgefährlichen Wegen: Den verunsicherten Josef bringt ein Engel dazu, seine schwangere Braut nicht zu verlassen (Mt 1,18 ff.); ein Engel drängt die junge Familie zur Flucht nach Ägypten (Mt 2,13 ff.), sodass das Jesuskind den Häschern des Herodes entkommt.

Sechsmal werden Engel in Verbindung mit Weihnachten zu Mittlern froher, Leben stiftender und Leben erhaltender Botschaften, Mittler von schönen Bescherungen.

Kein Wort verliert die Bibel über das Aussehen der Engel, ihre Gestalt, ihre Kleidung, ihre Flügel … Wichtig ist allein die Botschaft und was sie bewirkt. Ihre Botschaft ist ihr Erkennungszeichen.

Diese Botschaft
- öffnet den Himmel und die Herzen
- setzt in Bewegung

- veranlasst Menschen, ihrem Traum vom besseren Leben zu folgen
- macht Mut, an Wunder zu glauben
- hebt Grenzen auf zwischen Himmel und Erde.

Zwischenmusik

Weihnachtszeit ist Engelzeit! Manchmal kommen diese „Streetworker" Gottes ganz unverhofft und anonym daher – nicht nur als Weihnachtsengel. Wenn Sie an das zu Ende gehende Jahr denken, fallen Ihnen gewiss Menschen und Situationen ein, bei denen wohl Engel ihre Finger im Spiel hatten.

- In eine dunkle Stunde hinein hat ein Freund, eine Freundin Sie angerufen, Ihnen eine Mail geschickt, Sie getröstet. Da kehrte das „Fürchtet euch nicht!" der Weihnachtsnacht als Echo in Ihr verwundetes Herz zurück.
- Oder erinnern Sie sich an eine atemberaubende Situation im Straßenverkehr? Nur einen winzigen Moment waren Ihre Gedanken woanders – Gott sei Dank: Es hat nicht gekracht!
- Wie viele Menschen waren in diesem Jahr für Sie da, haben Ihnen geholfen, es gut mit Ihnen gemeint! Wie viele gute Engel haben Ihren Weg gekreuzt!

Engel können mitten unter uns und in uns sein – in ganz alltäglichen Situationen und an ganz alltäglichen Orten. Die Rückkehr der Engel in unsere(r) Zeit ist Ausdruck einer tiefen Sehnsucht nach Geborgenheit, nach Heil und Heilung, die nicht aus uns selbst kommt, nach neuen Möglichkeiten, die erschöpftem, ausgebranntem Leben neuen Atem einhauchen. Jeder ahnt es und Weihnachten belegt es: Wir leben von Voraussetzungen, die wir nicht gelegt haben, und von guten Worten, die wir uns nicht selbst sagen und ausdenken können:

„Ich verkündige euch große Freude … Euch ist heute der Heiland geboren, der Heil-Macher, der Friedensbringer … Christus, der Herr … in Windeln … in Davids Stadt!"

Lass dich von dem Weihnachtsengel hineinnehmen in die „Leichtigkeit des Seins", die auch dir Flügel verleiht. Lass dir vom Engel der Heiligen Nacht sagen, dass sich für dich der Himmel öffnet und Gottes Liebe für dich Mensch wird, anfassbar wird in einem Kind, in Windeln, in einer Höhle. Lass dir vom Weihnachtsengel sagen: Dein Leben und unser aller Leben ist „von guten Mächten wunderbar geborgen"! Amen.

› T4: Fürbitten

Herr, wir lieben deine Engel!
Wir hätten sie so gern um uns, immer, hier und überall.
Herr, dabei vergessen wir:
Es ist auch an uns, Engel zu sein –
für alle deine Geschöpfe.
Herr, gib uns Mut und Geist zur Achtsamkeit,
zur Nächstenliebe und zu tätiger Hilfe.
Herr, gib uns Kraft und Fantasie.
Gib uns Augen und Ohren
und ein offenes Herz zur rechten Zeit.
Ach, Herr: Gib uns Flügel! Amen.

6 STALLGEFLÜSTER – ESELGEDANKEN ZU WEIHNACHTEN

Weihnachtskrippe der kath. Gemeinde St. Michael in Göttingen,

› VORBEREITUNGEN ‹

Die Krippenfiguren im Altarraum werden so umarrangiert, dass der Esel unmittelbar an der Krippe steht und nicht durch andere Figuren verdeckt wird. Auch eindrucksvoll: eine Eselhandpuppe besorgen und einsetzen!

Die aktuellen Anspielungen beziehen sich auf den 11. September 2001 – und können (leider) immer wieder durch aktuellen Schrecken ersetzt werden.

› VERLAUF ‹

Eingang	Musikalische Einstimmung, z. B. Flöten	
	Begrüßung	z. B. mit **T1**
	Lied	EG 7,1–4
Mitte	Lesung	Lukas 2,1–20 (z. B. nach Jörg Zink, Womit wir leben können)
	Lied	EG 27,1–3 und 6
	Ansprache	mit **T2**
	Lied	EG 40,1 und 3
Ausgang	Gebet	**T3**
	Vaterunser	
	Lied	EG 36,1–5 und 9
	Segen	
	Nachspiel	

› T1: Begrüßung

Ich habe einen Traum
von hellem Licht, nicht zu grell,
von sanften Händen, nicht zu fest,
von Freiheit, nicht einsam,
vom Heimkommen, immer wieder
zum Christkind in der
Weihnachtsnacht.

Mit diesem Traum möchte ich Sie in unsere Feier zur Heiligen Nacht einstimmen. Wechselvoll-widersprüchliche Gefühle bestimmen unsere Gedanken. Noch mag die Anspannung vorweihnachtlicher Vorbereitungen andauern; noch lastet der Schmerz über die Friedlosigkeit des vergangenen Jahres auf uns.

Was uns unruhig macht, möge Eingang finden in den Frieden dieser Heiligen Nacht.

Der menschenfreundliche, Frieden stiftende Gott lädt uns ein auf den Weg nach Bethlehem, lädt uns ein zu Schritten des Friedens, Schritten der Hoffnung, Schritten, die den Hunger nach Leben und unsere Sehnsucht nach Ruhe stillen.

In Gottes Namen feiern wir diesen Gottesdienst, im Namen Gottes, des Vaters, des Sohnes und des Heiligen Geistes.

T2: Ansprache

Liebe Gemeinde, mancherlei Akteure bevölkern den Weihnachtsstall, menschliches und tierisches Personal ist da versammelt.

Zeigen der verschiedenen Krippenfiguren

- Da ist das Kind, in Lumpen gewickelt, ins Arme-Leute-Milieu entbunden
- Maria, die junge jüdische Mutter
- Josef, der Mann im Schatten
- Die Hirten, raue Gesellen von den Rändern der Gesellschaft.

Ein merkwürdiges und widersprüchliches Ensemble verkehrter Verhältnisse ist das! Dazu noch Ochs und Esel, die gleichsam die gesamte Kreatur repräsentieren. Eher zufällig stehen sie mit der Krippe in Verbindung. Die Evangelisten erwähnen sie nicht.

Zwei Stellen aus dem Alten Testament verdanken Ochs und Esel ihre Einbindung in die Weihnachtsgeschichte:

Ein Ochse kennt seinen Herrn und ein Esel die Krippe seines Herrn; aber Israel kennt's nicht, und mein Volk versteht's nicht (Jesaja 1,3).

Zwischen zwei Tieren wirst du erkannt (Habakuk 3,2, nach der griechischen Übersetzung, der Septuaginta).

Die Kirchenväter seit Origines haben beide Stellen auf die Geburt des Gotteskindes gedeutet; seit dem 4. Jahrhundert begegnet das Motiv in der christlichen Kunst.

(Sie fragen nach den Drei Weisen oder sogenannten Königen aus dem Morgenland? Ja, die sind aus einem anderen Evangelium, dem des Matthäus, mit in den Weihnachtsstall gekommen!)

Musik; von nun an spricht der „Esel“.

Esel: Vor gut einem Jahr bin ich, der Esel, mit Josef, meinem Herrn, und Maria, seiner hochschwangeren Verlobten, im Norden, in Galiläa, aufgebrochen. Lang und beschwerlich war die Reise übers Gebirge nach Bethlehem. Ich bin sehr stolz, dass ich solch kostbare Fracht tragen durfte: das werdende Kind. Vorsichtig, ganz vorsichtig setzte ich meine Hufe und wich den steilen Böschungen aus. Wenn ich müde wurde, redete Josef mir gut zu. „Halt aus, kleiner Esel“, ermunterte er mich und zeigte auf Marias schwangeren Bauch.

Endlich erreichten wir die Davidsstadt. Doch niemand wollte uns haben! Verschlossene Türen und verschlossene Menschen, wohin wir uns auch wandten. „Kein Raum in der Herberge!“, hieß es überall.

Und dann ging alles ganz schnell. Josef fand zum Glück einen alten, baufälligen Stall. Gerade noch kann er für Maria ein Strohlager richten – da setzt die Geburt ein. Und ein winziges Menschlein liegt – erst in Josefs, dann in Marias Armen!

Dann liegt es zwischen mir und dem Ochsen. Ein Menschlein. Und sie sagen: Gott selbst. Ein menschliches, ein göttliches Kind. Ein Wunder allemal! Mit unserem Atem hüllen wir es ein wie in einem Schutzraum, wie im Leib der Mutter, wie in einem Kokon. Hauch des Lebens, alles verwandelnd, auch das Hässliche, Harte, Kalte. In der Kälte der Nacht dieser Welt wärmen wir das Gotteskind mit unserem Atem – und spüren doch: Dieses Kind wärmt *uns*. Wärme und Licht wirft es in *unsere* Kälte und Dunkelheit.

Hier wird die Rolle verlassen. Es folgt ein Kommentar:

Welch ein Kontrast! Auf der einen Seite der Stall, Gleichnis für das Unbehauste aller Zeiten. Auch unserer Tage. Auf der anderen Seite die Glitzerwelt unserer Städte, Villen, Hochhäuser. Und als wie verletzlich, wie zerbrechlich sie sich immer wieder erweist!

Menschen wie Maria und Josef sind unterwegs – in *Manhattan und Afghanistan, in Afrika und Arabien, in Israel-Palästina, Japan und Kalifornien*, Menschen, von Hunger, Natur, Gewalt bedroht, von der Welt teils bejammert, teils vergessen …

Auf der anderen Seite das Menschen- und das Gotteskind: Aus einfachen Verhältnissen in die Welt geboren, geboren für die Stiefkinder des Glücks, für die Armen, für die, die am Rande stehen, für die, die verloren sind. Auch für ihn, den kleinen Esel. Und für seinen Freund, den Ochs.

Musik; dann spricht wieder der Esel.

Ich sehe Hirten in den Stall drängen, zerlumpte Kerle mit strengem Geruch. (Ich habe einen Riecher für den Schweiß armer Leute!) Ich denke: Ihre Armseligkeit stinkt zum Himmel. Ihre Armseligkeit und ihren schlechten Ruf tragen sie zum Kind im Stall.

Ich sehe, wie das Kind, das ja selbst die Zeichen und den Geruch der Armseligkeit am Leib trägt, die wettergegerbten Gesichter der Männer hell macht und ihre harten Herzen erweicht. Sie knien nieder, sie, die sonst vor nichts und niemandem so leicht in die Knie gehen. Sie knien vor diesem Kind, von dem ihnen gesagt ist: Der Heiland, der Retter, König der Könige soll es sein!

Die Hirten drängen sich zu dem Kind, weil sie schon jetzt die Einladung hören, die der erwachsene Jesus später verkündigt: Kommt her zu mir, alle, die ihr mühselig und beladen seid. Ich will euch erquicken.

Kommt her zu mir, ihr Großen und ihr Kleinen, ihr Vornehmen und Reichen und ihr, die ihr kein Geld und keine Geltung bei den Menschen habt. Kommt her, ihr Gehetzten, kommt her, ihr Trägen, ihr Fröhlichen, ihr Traurigen. Ihr alle: Kommt zu mir! Mein Joch ist leicht. Für jeden, der mir traut!

Mit meinen langen Lauschern vernehme ich die leisen, tiefen Seufzer der Menschen und aller Kreatur. Ich ahne: Lasten bemessen sich nicht nur nach Pfund und Kilogramm; Lasten werden nicht nur in Säcken und Körben bewegt.

Auch Sorgen sind Lasten, auch Gedanken sind Lasten. Manchmal wiegen sie wohl schwerer als all die Lasten, die Menschen einem wie mir tagein, tagaus auf den Rücken laden.

Ich, der Esel, bin ans Lasten Tragen gewöhnt. Ladet mir ruhig auf, was euch beschwert, eure Sorgen, eure dunklen Erinnerungen, alles, was trennt und entzweit, was kaputt macht und krumm. Wisst ihr, was ich damit mache? Ich trage es zum Kind. Bei ihm ist gut aufgehoben, was euch und mich so seufzen lässt.

Hier endet die Rolle; hier spricht der Prediger / die Predigerin.

Für Tiere und Menschen, für die ganze Schöpfung: eine schöne Bescherung! Und der Friede Gottes …

› T3: Gebet

Herr, lieber Vater, der du Mensch, der du Kind geworden bist. Du hast dich in unsere Hände gegeben, damit wir, was uns beschwert, vertrauensvoll in deine Hände legen können.

Herr, lieber Vater, wir vertrauen dir an: die heimatlosen und Vertriebenen dieser Tage. Erbarme dich.

Herr, unser Schöpfer, wir vertrauen dir an: die Opfer von Gewalt und sinnloser Zerstörung, die Opfer von Naturkatastrophen und menschengemachten. Erbarme dich.

Herr, liebes Christkind in der Krippe, wir vertrauen dir an: alle, die zerbrochenen Herzens sind, und auch unsere eigenen Sorgen, unseren Kummer, unsere Ängste. Erbarme dich.

Gib Frieden, Herr, gib gegenseitiges Erbarmen. Herr, gib Hoffnung. Amen.

7 EIN STROHHALM ALS ZEICHEN

› VORBEREITUNG ‹

Am Eingang werden Strohhalme ausgeteilt. Während der Predigt sollen sie in der Hand gehalten, am Ende können sie mit nach Hause genommen werden.

› VERLAUF ‹

Eingang	Musik	
	Begrüßung	mit **T1**
	Lied	EG 36,1–3 und 6
Mitte	Ansprache	mit **T2**
	Lied	EG 43,2–4
Ausgang	Gebet	z. B. mit **T3**
	Vaterunser	
	Lied	EG 37,1.2 und 7
	Segen	
	Verabschiedung	**T4**
	Nachspiel	

T1: Begrüßung

Herzlich willkommen, alle miteinander, hier in der Kirche, in dieser besonderen Nacht! Sie halten sich alle an einem Strohhalm fest (jedenfalls haben Sie den am Eingang bekommen). Was das für ein Zeichen ist und was Sie dazu zu erwarten haben, darum soll es in diesem Gottesdienst gehen. Sie dürfen gespannt sein – aber auch entspannt: Sie müssen ja nichts leisten. Sie werden ja beschenkt!

T2: Ansprache

Weihnachten ist eine Zeit voller Zeichen, voller Symbole und Bilder. Gott wird Mensch – damit wir uns das auch richtig sinnlich vorstellen können, bekommen wir erzählt: von einer Krippe, von Windeln, vom Licht und vom Stern, wir holen uns immergrüne Zweige und Bäume ins Haus, entzünden Kerzen, hängen Herzen und Engel und Kugeln und Sterne auf. Manches davon ist schon Tradition in Ihren Familien, ganz selbstverständlich. Gehört eben dazu.

Ich möchte Ihre Aufmerksamkeit einmal auf ein sehr wenig beachtetes Zeichen lenken: auf den Strohhalm, den Sie am Eingang bekommen haben. Dieser Strohhalm erzählt mir seine Geschichte, seine Weihnachtsgeschichte.

Bei den Hirten, die da in der Weihnachtsnacht in den Blick geraten, fallen die Samen der Weihnachtsbotschaft, die Himmelsboten ausstreuen, auf fruchtbaren Boden. Dieser Boden, das sind Sehnsüchte, Verletzungen, Enttäuschungen, betrogene, doch nie ganz erloschene Hoffnungen.

Auf diesen Sehnsuchtsboden fallen die Samen der Weihnachtsbotschaft: große Freude – allem Volk – euch ist heute der Heiland geboren – das Kind in Windeln – Friede auf Erden …

Die Hoffnung auf Einlösung ihrer Sehnsüchte macht den Hirten Beine, lässt ihrer Erwartung Flügel wachsen. Sie gehen und sehen und staunen, diese Männer in ihren drecksteifen, streng riechenden Hirtenmänteln, Männer mit schwieligen Händen und schwieligen Herzen. Für uns geboren – Friede soll werden … im Namen dieses Kindes. – Gottes.

Flötenmusik

Mit dem Besuch im Stall ist für die Hirten das Thema „Weihnachten" noch lange nicht abgehakt. Es geht erst richtig los! Auf dem Weg zurück zu den Herden ist Zeit zum Reden und zum staunenden, nachdenkenden Schweigen.

Einer von ihnen, ich nenne ihn Simeon, verbindet seine Weihnachtsgedanken mit dem Strohhalm in seiner Hand. Ganz fest hält er ihn in seiner rauen Hirtenhand. „Was verbirgst du in deiner Hand?", will ein anderer wissen. „Einen Strohhalm", sagt Simeon leise. „Einen Strohhalm aus der Krippe, in der das Kind liegt."

„Ein Strohhalm!?" Die anderen lachen. „Wirf ihn weg! Was ist ein Strohhalm denn schon wert?" „Dieser hier ist heilig", sagt Simeon. „Der Heiland hat darauf gelegen."

„Und überhaupt", fährt Simeon fort. „Ist dieser Strohhalm nicht wie wir? Wertlos, sagen die Menschen. Aber Gott, Gott kann damit was anfangen!"

Flötenmusik

Die anderen Hirten sind nachdenklich geworden. Nach längerem Schweigen murmelt einer der Älteren Worte aus dem Buch des Propheten Jesaja, Trostworte für die Verbannten in Babylon: „Ich werde meinen Boten zu euch schicken, meinen Knecht, den ich lieb habe. Er soll die Wahrheit unter die Völker hinaustragen. Er wird nicht schreien noch rufen … Das geknickte Rohr wird er nicht zerbrechen! … Er wird die Wahrheit hinaustragen, damit Gerechtigkeit auf der Erde geschieht“ (nach Jesaja 42,1–3).

Flötenmusik

Simeon, der Hirte mit dem Strohhalm, fährt fort: „Der auf Stroh geboren wird, der wird kein Strohfeuer entfachen. Der auf Stroh geboren wird, der drischt kein leeres Stroh. Der ist nicht als Strohmann unterwegs und der benutzt auch niemanden als Strohmann. Der auf Stroh geboren wird, ist eine große, starke Hoffnung …

Wie ein Halm, das Korn in sich birgt, ist er, und wie Korn, das zu Brot gebacken wird, zum Brot des Lebens, zum Brot der Gemeinschaft zwischen Starken und Schwachen, Alten und Jungen, Fremden und Freunden. Der Strohhalm trägt Hoffnung und Leben in sich und die Verheißung: Gottes Liebe ist nicht kleinzukriegen.“ Amen. Und der Friede Gottes …

Flötenmusik

› T3: Gebet

Herr, du machst es uns nicht leicht, deine Herrlichkeit zu entdecken. Du kleidest sie in Niedrigkeit, du bettest sie nicht auf Rosen. Nein, auf Stroh.

Herr, du machst es uns leicht, uns dir zu nähern, uns in unserer Niedrigkeit. Du kommst uns entgegen. Du nimmst uns so, wie wir sind. Du siehst unsere Dürftigkeit an, unsere Bedürftigkeit auch. Und du begegnest ihr mit Fülle.

Herr, du gibst uns Zeichen. Lass uns verstehen: So wie du sollen wir anderen entgegengehen. Ihre Not sehen. Ihre Not lindern. Wenn du unser aller Vater bist, so sind alle, die uns begegnen, unsere Geschwister.

Lass uns Liebe üben, Herr, denn du hast uns zuerst geliebt! Amen.

› T4: Verabschiedung

Sie können den Strohhalm, der Sie in diesem Gottesdienst zur Krippe und von der Krippe ins Leben begleitet hat, nun liegenlassen. Oder mitnehmen. Vielleicht legen Sie ihn unter den Weihnachtsbaum, mitten zwischen die Geschenke. Oder Sie stecken ihn zu seinen Brüdern – in einen Strohstern. Oder verwenden ihn als Lesezeichen – vielleicht bei Jesaja 42?

Verschenken können Sie ihn natürlich auch. Aber dann müssen Sie ihn erklären: als Strohhalm, an den man sich in schwierigen Situationen klammern und von dem man sich zusagen lassen kann: Gottes Liebe ist nicht kleinzukriegen!

8 HIRTENTRÄUME

› VORBEREITUNG ‹

Sieben Bilder (Hirtenträume) zur Projektion vorbereiten – als Download auffindbar unter www.v.r.de bei der Anzeige dieses Buches.

› VERLAUF ‹

Eingang	Musikalische Einstimmung	
	Begrüßung	z. B. mit **T1**
	Lied	EG 27,1–3 und 6
Mitte	Meditation mit sieben Bildern	**T2**
Ausgang	Gebet	**T3**
	Vaterunser	
	Lied	EG 40,1.2.5
	Segen	
	Nachspiel	

T1: Begrüßung

Da werden die Wölfe bei den Lämmern wohnen und die Panther bei den Böcken lagern. Ein kleiner Knabe wird Kälber und junge Löwen und Mastvieh miteinander treiben. Kühe und Bären werden zusammen weiden und Löwen werden Stroh fressen wie die Rinder … (Jesaja 11,6 und 7)

Mit diesem Traum um Wolf und Lamm begrüße ich Sie zur Feier der Heiligen Nacht. Wolf und Lamm, Versöhnung des Unversöhnlichen, harmonisches Miteinander des Starken mit dem Schwachen – das scheint uns ein sehr realitätsferner Traum! Wie sagen wir es doch so nüchtern: „Träume sind Schäume" und „Träume zerplatzen wie Seifenblasen". „Träum weiter", sagte der Mathelehrer, wenn nicht wie aus der Pistole geschossen die erwartete Antwort kam.

Träumer – eine Beleidigung? Traum – eine Disqualifizierung? Träume haben ihr Recht, liebe Gemeinde. Ohne Traum keine Verwandlung, keine Veränderung der Gegenwart, keine Hoffnung. Ich möchte Sie heute zum Träumen verführen, zu einem Träumen, das der Realität nicht untreu wird und das doch den sogenannten Realitäten nicht das letzte Wort überlässt.

T2: Meditation

Lassen Sie sich hineinnehmen in einen Traum, den Traum eines Hirten …

Hirte bin ich wie mein Vater und der Vater meines Vaters. Wie sie ziehe ich nach uraltem Brauch mit Stab und Flöte, mit Hirtentasche und Herde zwischen Wüste und Kulturland hin und her. Jahrein, jahraus die gleichen Abläufe: unterwegs sein ohne Ende, scheren, melken, sorgen. Verletzungen heilen, Leben zur Welt bringen, Verirrte suchen. In der Nacht, wenn die Schafe sicher im Pferch sind, lasse ich die Gedanken wandern, ist unter dem weiten Sternenzelt auch für mich einmal Zeit zum Träumen.

In solchen Nächten berühren sich die Bilder des Tages mit den Träumen der Väter; so träumte einst Jesaja: *Es werden Wasser in der Wüste hervorbrechen und Ströme im dürren*

Lande. Und wo es zuvor trocken gewesen ist, sollen Teiche stehen, und wo es dürre gewesen ist, sollen Brunnquellen sein. (Jesaja 35,6–7)

Und so träumte er auch: *Die Wüste, die Einöde wird frohlocken, und die Steppe wird jubeln und wird blühen wie die Lilien. Sie wird blühen und jubeln in aller Lust und Freude. Die Herrlichkeit des Libanon ist ihr gegeben, die Pracht von Karmel und Scharon.* (Jesaja 35,1–2)

Und Jesaja hörte Gottes Wort und sagte es weiter: *Ich will in der Wüste wachsen lassen Zedern, Akazien, Myrten und Ölbäume; ich will in der Steppe pflanzen miteinander Zypressen, Buchsbaum und Kiefern, damit man zugleich sehe und erkenne und merke und verstehe: Des Herrn Hand hat dies getan, und der Heilige Israels hat es geschaffen.* (Jesaja 41,19–20)

Ob Jesaja auch ein Hirte war? Denn er träumte von Gott, wie Hirten eben träumen. Er träumte von Gott, dem großen Hirten: *Er wird seine Herde weiden wie ein Hirte. Er wird die Lämmer in seinem Arm sammeln und im Bausch seines Gewandes tragen und die Mutterschafe führen.* (Jesaja 40,11)

Zwischenmusik

Und so träume ich: Es kann geschehen – gegen alles vernünftige Dafürhalten – es kann geschehen, dass Stacheln Blüten tragen.

Es kann geschehen – gegen alle Skepsis –, dass ein Harter weich wird. Dass Gegner sich versöhnen. Es kann geschehen – gegen jede Erfahrung, dass das geknickte Pflänzchen überlebt und dass das verlorene Lamm gefunden wird. Unversehrt trage ich es zurück.

Es kann geschehen – gegen die Gesetze der Natur –, dass die Zeit eine Nachtlang still steht und die Welt den Atem anhält. Und dass auf einem Hirtenfeld zwischen Schafen die Stimmen der Engel ihr Lied singen: „Ehre sei Gott! Fürchtet euch nicht! Euch ist heute der Heiland geboren!"

Und das ist nun das Wunderbarste: Es *ist* ja geschehen! Ich habe es erlebt. In dieser Nacht, in dieser wunderbaren Nacht – ich war dabei!

Hell wurde es und die Engel sangen. Sie sagten uns: „Fürchtet euch nicht. Vertraut. Brecht auf. In einem Stall, in allem Elend, da wird sich euch ein Wunder zeigen. Träumt, träumt weiter. Und erst müsst ihr sehen …"

Wir machten uns – noch im Dunkel der Nacht – auf den Weg, hier einem Hinweis folgend, dort einer Spur nachgehend. Am Rande Bethlehems fanden wir in einer Grotte das Kind. Es lag, in Windeln gewickelt, in einer Futterkrippe. Wir wunderten uns. So klein? So zerbrechlich? Aber das ist ja der Traum, das ist ja das Wunder: Im Kleinen wächst es, im ganz Unscheinbaren liegt die Hoffnung. Und dann: im Glanz der Liebe.

Der Retter ist geboren, der Heiland … Wer uns Hirten Retter und Heiland sein will, der muss bei uns Wohnung nehmen. Das Kind – ein Hirtenkönig. Der Stall – Gottes Ort auf Seiten der Verlorenen. So wird der Traum Wahrheit.

Welch eine Nacht! Welch ein Erwachen! Ach, es ist wahrlich der Himmel auf Erden!

Zwischenmusik

Jahre sind vergangen seit jener Nacht, in der uns Hirten ein König geboren wurde. Ob unser Leben sich verändert hat? Träumen wir seither rückwärts anstatt voran?

Vordergründig ist vieles gleich geblieben. Und doch ist alles – um dieser einen Erfahrung willen – anders geworden: Das Kind im Trog hat uns unsere Würde zurückgegeben. Ein Leben lang haben wir darum gekämpft. Ein Leben lang sind wir um sie betrogen worden.

Das Gotteskind hat uns Rechtlosen und Habenichtsen (und unseren Schwestern und Brüdern in kommenden Generationen) die Würde wiedergegeben, auch in unwürdigen Verhältnissen Menschen zu sein, Ebenbilder Gottes.

Diesem Gott sind wir begegnet, wo wir ihn brauchten: in der Armut eines Stalles, in einem ohnmächtigen Kind.

Ich glaube, wir werden noch oft aus Kälte und Ohnmacht, aus Leid und Not dorthin zurückkehren, um unsere Träume von Gottes neuer Welt immer neu zu entfachen.

Seit jener Nacht von Bethlehem hat unser Träumen eine Mitte: Gottes Mensch gewordene Liebe, Liebe mit Hand und Fuß, mit Haut und Haar.

Seither hat unser Träumen ein Ziel. Der Seher Johannes – auch er ein Träumer – kleidet es in die Zusage Christi: „Siehe, ich mache alles neu!“ (Offenbarung 21,5)

Zwischen Vergangenheit und Zukunft – also jetzt (!) – werden die Träume von Gottes neuer Welt manchmal ein Stück wahr, lassen sich Menschen von dem Gotteskind, das selbst zum Spielball der Mächtigen wurde, neue Hoffnungen zuspielen, werden Träume von einem neuen Leben, von einem neuen Anfang wahr.

Musik

› T3: Gebet

Herr, lieber Gott, Vater Jesu Christi, lass uns träumen, nicht zu groß und nicht zu klein. Sondern fantasievoll und ernst. Lass uns träumen, dass nicht alles bleibt, wie es ist. Dass es sich wandeln kann, dass wir etwas ändern können, dass du deinen Segen gibst.

Herr, unser Vater im Himmel, lass uns hoffen. Und lass uns handeln, wie wir hoffen. Nicht, als müssten wir alles selbst schaffen, aber getrost und mutig – mit dem Blick auf dich und auf Krippe und Kreuz.

Ach, Herr, lass uns glauben, Dir glauben. Dein Reich ist im Wachsen und der Wunder sind noch viele. Wenn wir sie nur sehen, wenn wir sie hoffen und wenn wir ihnen Raum geben. Das gebe uns dein Kind. Unser Herr Jesus Christus. Amen.

9 NEUES LEBEN AUS ALTER WURZEL

Die Blume aus dem toten Stamm © Rottenburger Kunstverlag Ver Sacrum; www.versacrum.de

› VORBEREITUNG ‹

Es empfiehlt sich, für den Gottesdienst einen Wurzelstock zu besorgen und diesen – zum Teil mit Erde bedeckt – für alle sichtbar auf dem Altar abzulegen. In den oberen Teil der Wurzel wird ein Loch gebohrt (ca. 0,5 cm). Da hinein kommt während des Gottesdienstes ein grünender Zweig (der auch schon verborgen bereit liegen soll).

Alternativ: Das Bild „Die Blume aus dem toten Stamm" von Sieger Köder kann als Leitmedium Verwendung finden: Jeder Gottesdienstbesucher erhält eine Bildkarte (Bezug: Rottenburger Kunstverlag Ver Sacrum, 72108 Rottenburg, Tel. 07422-3011; versacrum@schwabenverlag.de).

Das Lied „Wer Gottes Wort hört" kann mit wechselnden Stimmen gesungen werden: Gruppe 1: Anfang bis: „wie ein Baum"; Gr. 2: Wdh; Alle: „Geborgenheit" bis „zieht".

› VERLAUF ‹

Eingang	Musikalische Einstimmung	
	Begrüßung	**T1**
	Lied	**T2:** Wer Gottes Wort hört
Mitte	Meditation; zwischen Teil 2 und 3: Lied	**T3** (mit Wurzelstock) EG 7,3
	Lied	EG 30,1–3
Ausgang	Gebet	**T4**
	Vaterunser	
	Lied	EG (in den Anhängen): Schalom Ben-Chorim: Freunde, dass der Mandelzweig
	Segen	**T5**
	Nachspiel	

› T1: Begrüßung

Glücklich der Mensch, der sich Gott entgegensehnt! Glücklich der Mensch, der ihn von ganzem Herzen sucht und über seine Weisungen nachsinnt Tag und Nacht! Der ist wie ein Baum, gepflanzt an den Wasserbächen, kräftig und fruchtbar und wunderschön anzusehen. Die Vögel finden Ruhe in seiner Krone ... (nach Psalm 1 und Lukas 13,19)

Liebe Gemeinde, mit diesem schönen Bild begrüße ich Sie herzlich zu unserem Christnachtgottesdienst: *Stark wie ein Baum*, singen Kinder in der Grundschule, *möchte ich werden* ... Die Bibel weist uns darauf hin: Ja, das sollt ihr. Ihr braucht dazu Gottes Wort und Gottes Segen. Trachtet danach ...

T2: Wer Gottes Wort hört …

Text: Ulrich Walter, Musik aus Israel

T3: Meditation

Ich habe einen Wurzelstock auf den Altar gelegt. Knorrig ist er und schon sehr alt. Wie abgestorben liegt er da, leblos und tot.

Er hat bessere Jahre gesehen, der Wurzelstock, Tage und Jahre, in denen er seine Bestimmung als Wurzel erfüllte: Urwüchsige Kraft lebte in dem Holz, eingewurzelt in fruchtbares Erdreich verlieh es dem Baum festen Halt. Eingewurzelt in fruchtbares Erdreich gab die Wurzel dem Baum Festigkeit und Nahrung.

Was leben und sich entfalten will, muss Wurzeln schlagen, muss in der Tiefe verwurzelt sein, muss eins sein mit den Quellgründen des Lebens. Bei Bäumen ist das nicht anders als bei den Menschen.

Dieser Wurzelstock gibt keinem Baum mehr Halt und Festigkeit und Nahrung.

Ich entdecke Parallelen zu unserem Leben, zu unserer Zeit: Wie viel Hoffnung und Leben ist auch bei uns und in uns in diesem Jahr erloschen, abgestorben, unter die Räder gekommen. Wie viele Wurzeln sind gekappt, wie viele Quellgründe sind versiegt: * *Beispiele einfügen* *

Bleibt von unserem Lebensbaum nur Tod und Vergessen? Bleiben von dem Wald der Menschheitsgeschichte am Ende nur tote Strünke übrig, nur Reste einer starken Vergangenheit?

Flöten / Zwischenspiel

Auch zu Zeiten des Propheten Jesaja fühlen sich die Menschen in Israel wie sterbende Bäume, wie Bäume mit gekappter Wurzel – ohne Zukunft und Hoffnung. Das einst so prachtvolle Reich ihres Königs David ist zerteilt und zerfallen. Er, der Spross Isais – nur noch eine Erinnerung; sein Reich – nur noch ein Rest. Auch dieser Rest ist gefährdet und bedroht – bald werden mächtige Feinde Jerusalem belagern.

In diese düstere, todesfinstere Stimmung hinein zeichnet der Prophet ein Bild:

Aus dem verbliebenen Wurzelstock wird ein junger Trieb hervorbrechen und ein frischer Zweig aus der alten Wurzel Isais wird neues Leben gebären. (nach Jesaja 11,1–2)

Dieser Neuanfang mit einem „zweiten David“, mit einem messianischen, das heißt von Gott gesalbten Herrscher, wird im Zeichen von Demut, Glaube und Gerechtigkeit stehen. Elende und Hilflose werden zu ihrem Recht kommen. Und so kann Friede werden.

Liedstrophe: O Erd, schlag aus (EG 7,3)

Während der Liedstrophe wird der grüne Zweig sichtbar in das vorgebohrte Loch gesteckt und, wenn möglich, mit einer Lichtquelle angestrahlt.

Ich möchte mich in dieser Heiligen Nacht – und für ein Leben jenseits der Heiligen Nacht – von dem Hoffnungsbild Jesajas anstecken lassen:

Das prophetische Bild vom blühenden Leben aus dunklem Grund verweist mich auf das Gotteskind in Bethlehems

Stall. So wie aus dem Baumstumpf neue Triebe hervorbrechen, so schenkt Gott in dem Kind von Bethlehem neues Leben gegen den Tod, neue Hoffnung gegen alle Angst.

In diesem Kind – ja, in jedem Kind – artikuliert sich Gottes nicht versiegender Lebenswille:

- gegen alles, was dem Leben nach dem Leben trachtet
- gegen alles, was keimendes Leben zerstören und Wurzeln abtöten will.

Dieses Kind, das Ebenbild des Gottes, von dem gilt: Er liebt das Leben, nicht den Tod. Das Leben in seiner Fülle.

Als Erwachsener wird Jesus denen neues Leben schenken, deren Leben bisher verkümmert und scheinbar nutzlos war: den Hirten und Kranken, den Frauen, den Zöllnern, den Kindern. Jeder und jedem gilt seine liebende Hingabe – nicht, weil sie es verdienen oder gemäß ihrer Leistung –, sondern weil sie Kinder Gottes sind.

Der Wurzelspross aus Davids Stamm ist für uns zur guten, tragenden Wurzel geworden, zur „Wurzel Jesse". Wo wir in diesem Kind der Liebe und der Sehnsucht Wurzeln schlagen, kann neue Hoffnung gedeihen. Gottes neue Welt kommt – im Stall und in der Krippe erblickt sie das Licht der Welt. Amen.

› T4: Gebet

Der du das Kleine liebst, Herr, und das Unscheinbare,
der du das geknickte Rohr nicht abbrichst
und den glimmenden Docht nicht auslöschst:

Herr, du gibst Hoffnung, die stärker ist als alle Vernunft – wir bitten dich:

Gibt Hoffnung denen, die zerbrochenen Herzens sind, gib Hoffnung denen, die müde sind und traurig und die manchmal aufgeben wollen. Gib Hoffnung, Herr: Du liebst das Leben, nicht den Tod! Amen.

T5: Segen

Geht mit der Gewissheit, dass die Wurzel aus Davids Stamm uns trägt – in dieser Nacht und in allen Nächten und Tagen, die noch kommen werden.

Geht mit der Gewissheit, dass Jesus die Wurzel ist, aus der wir leben, das Zeichen unserer Hoffnung.

Geht mit der Gewissheit, dass überall auf dieser Erde Weihnachten werden kann, wo wir Gottes Liebe und Frieden, Gottes Freude und Hoffnung an andere weiterschenken.

Der Herr segne euch …

10 DREI KÖNIGE UNTER EINEM GUTEN STERN

› VORBEMERKUNG UND VORBEREITUNG ‹

Textgrundlage dieses Entwurfs ist Matthäus 2,1–12, die Perikope mit den „Weisen aus dem Morgenland". Insgesamt viermal wird da ein Stern erwähnt (Verse 2.7.9.11), einmal ist von einem Traum die Rede (Vers 12); eine Verbindung von Stern und Traum – wie im Steinrelief des Gislebertus, s. o. – kennt der erste Evangelist jedoch nicht.

Da der Stern im Kontext der matthäischen Weihnachtsgeschichte eine Leitmotiv-Funktion hat, habe ich mich entschlossen, den „Traum der Magier" vor Vers 9 anzusiedeln, also als eine Episode auf dem Weg nach Bethlehem.

Vorzubereiten: das Bild zur Projektion (www.v-r.de).

› VERLAUF ‹

Eingang	Musikalische Einstimmung	
	Begrüßung	z. B. mit **T1**
	Lesung	Mt 2,1–12
	Lied	EG 16,1–3
Mitte	Bildbetrachtung	**T2**
	Lied	EG 70,1 und 4
Ausgang	Gebet	**T3**
	Vaterunser	
	Lied	
	Segen	
	Nachspiel	

› T1: Begrüßung

Herzlich willkommen heute Nacht! In dieser besonderen Nacht! Ich habe auch etwas Besonderes mitgebracht: Eine Steinskulptur aus Frankreich soll uns zum Nachdenken bringen, zur Besinnung.

Hier kann das Bild schon gezeigt werden. Es bleibt dann stehen zur Ansprache / Bildmeditation.

Die Skulptur trägt den Titel „Der Traum der Könige". Ein berühmter Steinmetz, der Meister Gislebertus, hat sie als Figurenkapitell für die romanische Kathedrale Saint Lazare in Burgund um die Mitte des 12. Jahrhunderts geschaffen.

Viele Legenden ersetzen unser lückenhaftes Wissen um die geheimnisvollen Männer aus dem Osten. Sind *Gelehrte* gemeint, die über geheimes Wissen verfügten? Oder *Astrologen*, die aus dem Lauf der Gestirne menschliches Schicksal zu lesen und Verheißungen zu entnehmen wussten? Oder gar *Könige*, die sich auf die Suche nach dem neugeborenen Friedenskönig gemacht haben sollen?

Für das Verständnis der steinernen Predigt des Gislebertus im französischen Burgund sind diese Fragen unerheblich. Hören wir die Weihnachtsgeschichte nach Matthäus, die der frühmittelalterliche Meister als Vorlage benutzt: (Mt 2,2–12).

T2: Bildbetrachtung

Zwei Drittel des Bildes nehmen die hohen Herren ein, die unter einer kostbaren, aufwändig verzierten Decke stecken. Kronen als königliche Attribute schmücken noch in der Nacht ihre müden Häupter. (Als Nachthauben ließe sich Bequemeres denken!) Wie Vögel, die in bitterer Winterkälte Wärme und Nähe suchen, haben sie sich dicht aneinander gekuschelt. Die lange, anstrengende Reise hat sie in tiefen Schlaf sinken lassen.

Die heiligen Männer sind nicht allein. Ein Engel schwebt ganz leise zu den königlichen Pilgern. Behutsam berührt sein rechter Zeigefinger die Hand des obersten Schläfers. In der Schnittstelle der Diagonalen, im Zentrum des Bildes, begegnen sich Himmel und Erde.

Die zarte Berührungsgeste öffnet dem Träumer die Augen, lädt ihn – mit der zum Himmel weisenden Linken – ein, die Blickrichtung um 180 Grad zu wenden. Dort ist zu sehen, was die träumenden Schläfer ohne fremde Hilfe nicht zu schauen vermögen: ein Stern wie eine nächtliche Himmelsblume, ein Stern als Orientierungspunkt und Maßstab auf dem Weg, ein Stern als Symbol für ihr eigentliches Ziel.

Zum Stall wird er die königlichen Männer geleiten und sie später, wenn sie wieder ostwärts ziehen, „auf einem anderen Weg heim in ihr Land“ und in ihren Alltag zu führen.

Zwischenmusik oder Gesang: Stern über Bethlehem

Und wo komme ich in dem Figurenkapitell des mittelalterlichen Meisters vor? Wo ist mein Platz in der Weihnachtsgeschichte des Matthäus?

Ich wünsche mir manchmal so einen *Engel,*

- der mich unaufdringlich und sanft berührt
- der mich aufweckt aus dem Schlaf der Sicherheit und Gleichgültigkeit
- der mir Dinge und Ereignisse erschließt, die ich selbst nicht sehe
- der mir Brücken baut, Brücken zwischen Gott und Mensch, zwischen Himmel und Erde.

Ein solcher Engel, nach dem ich mich sehne, braucht keine Flügel zu haben. Manchmal können Menschen zu Engeln und Menschen einander zu Engeln werden. Überlegen Sie einmal: Wen habe ich in diesem Jahr als „Engel“ erfahren? Wem durfte ich „zum Engel werden“?

Dann und wann sind Engel und Menschen nicht zu unterscheiden. Vielleicht sind wir oft nur halbe Engel, Engel mit nur einem Flügel. Ein neapolitanischer Schriftsteller macht uns da Mut: „Wir sind Engel mit nur einem Flügel. Um fliegen zu können, müssen wir einander umarmen.“

Und ich wünsche mir auch *einen Stern* als Zeichen,

- das meinem Leben eine neue Richtung gibt
- das meine Schritte von den Pfaden des Todes auf den Weg des Lebens lenkt
- das mich lehrt, dass nicht „oben“, sondern „unten“ (da, wo er hinscheint) das wahre Glück zu finden ist.

Das Weihnachtsbild des Gislebertus mit seiner naiven Deutung des Weihnachtsgeschehens ist unser Glück. Lesen wir es so: Wir sind Königinnen und Könige unter einem guten Stern. Amen.

› T3: Gebet

Herr des Himmels: Was ist der Mensch, dass du seiner gedenkst, und des Menschen Kind, dass du dich seiner annimmst? – So fragte vor vielen, vielen hundert Jahren schon ein Beter.

Herr, unser Schöpfer: Du hast uns wenig geringer gemacht als dich in deiner Herrlichkeit, stellte derselbe Beter staunend fest.

Zu Weihnachten stehen wir vor dem Wunder: Der Mensch in seiner Verletzlichkeit, in seiner Endlichkeit – als Kind in der Krippe trägt er dein Angesicht.

Herr, lehre uns staunend und dankbar das Wunder annehmen, dass du uns so unendlich lieb hast. Lass uns von deiner Liebe weitergeben, in diesen weihnachtlichen Tagen und in all den Alltagen unseres Lebens … Amen.

11 WENN DER STACHELDRAHT CHRISTROSEN TRÄGT

› VORBEREITUNG UND VORBEMERKUNG ‹

Ein Leucht-Globus wird mit Stacheldraht umwickelt und deutlich sichtbar aufgestellt. Christrosen liegen bereit, die während der Meditation dann den Stacheldraht überwinden werden.

Der Entwurf verarbeitet Eindrücke aus dem Jahr 1989, dem Jahr der Wende und der Öffnung und des Mauerfalls. Das war eine einzigartige Situation – die Erfahrung jedoch, dass Grenzen und Mauern fallen (mögen), ist vielen historischen und sozialen Konstellationen gemein. Insofern lade ich Sie ein, dem Duktus dieses Entwurfs zu folgen und entsprechende Anpassungen und Aktualisierungen selbst einzutragen.

Stacheldraht als Metapher für Trennung, Abgrenzung und Gewalt ist und bleibt bedrückende Realität.

› VERLAUF ‹

Eingang	Musikalische Einstimmung	
	Begrüßung	z. B. mit **T1**
	Lied	EG 23,1–7
Mitte	Meditation in drei Teilen mit Zwischenmusik	**T2**
	Lied	**T3:** Da berühren sich …
Ausgang	Gebet	**T4**
	Vaterunser	
	Segen	
	Nachspiel	

› T1 Begrüßung

Denn uns ist ein Kind geboren, ein Sohn ist uns gegeben, und die Herrschaft ruht auf seiner Schulter; und er heißt Wunder-Rat, Gott-Held, Ewig-Vater, Friede-Fürst; auf dass seine Herrschaft groß werde und des Friedens kein Ende …

Mit dieser herrlichen Prophezeiung aus dem neunten Kapitel des Jesaja-Buches begrüße ich Sie und kann mir gut vorstellen, dass Sie diese Worte heute Nacht intensiver und befreiter hören als so manches Mal zuvor.

Nicht nur, dass wir diese Prophezeiungen auf Christus beziehen, auf die Ankunft des Christkinds in unsere Welt; heute und hier wage ich auch einen Bezug auf aktuelle Ereignisse: Die Tyrannen dieser Welt haben sich beugen müssen – nicht der Gewalt, sondern der Macht der Hoffnung und der Liebe zum Leben.

Machtlose verändern das Angesicht der Erde. Mit dem machtlosen Kind in der Krippe ist dies ein für alle Mal unsere Hoffnung geworden.

Wo Gott in Gestalt eines Kindes die Erde berührt, da beginnt sie zu blühen. Das ist das Thema von Weihnachten und das ist das Thema dieser Christmette. Gott segne uns und er segne diese Heilige Nacht!

› T2: Meditation

Globus in den Mittelpunkt rücken

I a: Eine alte jüdische Legende erzählt: Am sechsten Tag hielt Gott inne. Staunend schaute er auf das, was schon geworden war: Licht – Himmel und Erde – Länder und Meere – Bäume und Kräuter – Gestirne – Fische, Vögel und die Landtiere. Nur Menschen fehlten noch in diesem Kosmos.

Gott überlegte lange. Sollte er Menschen schaffen – Menschen gleichsam als Krönung der Schöpfung? Gott zögerte. Wie würden sich Menschen in diese wundervolle Ordnung einfügen? Und mit welchen Eigenschaften sollte er sie ausstatten?

Bevor er eine Entscheidung traf, beriet sich der Schöpfer mit seinen drei liebsten Töchtern: der Weisheit, der Gerechtigkeit und der barmherzigen Liebe.

Als Erste nahm *Weisheit* das Wort: „Vater", sagte sie, „wenn du mich fragst – ich rate dir ab! Schaffe den Menschen nicht! Er wird den Verstand, mit dem du ihn begabst, verlieren! Sich selbst überschätzend wird er deine gute, schöne Erde zerstören – und am Ende sich selbst! Deine gute Schöpfung darf nicht der Dummheit der Menschen zum Opfer fallen!" Und Gott schwieg lange und auch ein wenig betrübt.

Meditative Zwischenmusik

I b: Mir fallen Belege und Beispiele ein, die dieser Weisheit recht geben: Aus Dummheit und Angst und Misstrauen bauen Menschen Grenzen und Zäune und Mauern, die trennen, was zusammengehört und sich ergänzen will (alternativ: Aus Dummheit und Selbstsucht, gierig und unbedacht, legen Menschen deiner Schöpfung Ketten an und knebeln deine Erde). Der Stacheldraht, den ich hier symbolisch um die Erde gelegt habe, steht für Hass und Trennung, für Unfrieden und Krieg, für Ausbeutung, Unterdrückung, Gewalt und Tod.

Und wenn dann ein Wunder geschieht, wie zum Beispiel *…*! Das hat mit Weihnachten zu tun, liebe Gemeinde, damit, dass die Liebe sich Bahn bricht.

Wir sind dankbar für solche Wunder und dennoch sind wir uns bewusst: Stacheldraht gibt's noch, übelster Sorte, an vielen Brennpunkten dieser Welt, z. B. * … *, im Großen wie im Kleinen. Stacheldraht ist der Stachel im verletzlichen Fleisch des Lebens und der Liebe.

Meditative Zwischenmusik

II a: Zurück zur Legende: Nach der Weisheit kam Gottes zweite Tochter zu Wort, *Gerechtigkeit.* Sie sagte: „Auch ich rate dir dringend ab, Vater! Du weißt, was gerecht ist, denn du bist es selbst. Du weißt aber auch, wie leicht Recht in Unrecht umschlagen kann. Ich fürchte: Die Menschen werden sehr schnell deine Gerechtigkeit mit Füßen treten. Hass und Verleumdung werden deinen großartigen Planeten in eine Hölle des Unrechts und in eine Mördergrube verwandeln." Und Gott schwieg.

Meditative Zwischenmusik

II b: Ach, sie hat ja so recht! Ich denke an die Nachrichtensendungen, gestern und vorgestern und letzte Woche, *…* – Gerechtigkeit ist käuflich geworden, ist zur Karikatur geworden, zu einer Spottgestalt ihrer selbst. Stacheldraht als Symbol des Rechts des Stärkeren, des Reicheren – was würde Jesaja dazu sagen, was sagt Gott? Ich lege bisweilen die Zeitung beiseite und lese bei Jesaja nach: Er träumt so mutig, träumt, dass die Wölfe und die Lämmer miteinander ruhen …

Meditative Zwischenmusik

III a: Da trat die dritte Tochter vor, *Barmherzige Liebe*. Sie sprach so: „Vater, meine Schwestern haben recht: Was sie befürchten, wird vermutlich eintreten. Und doch rate ich dir: Geh das Wagnis ein und schaffe den Menschen! Du wirst ihn – als einzige Kreatur – mit Freiheit und Liebe begaben. Zwar kann Freiheit missbraucht werden und Liebe ist verletzlich. Aber Liebe und Freiheit begründen die Würde des Menschen und deines Schöpfungswerkes.

Ich will mich dann zu den Menschen aufmachen und will sie im Gebrauch von Liebe und Freiheit unterweisen. Ich werde sie so lieben, wie sie sind. Dann erst wird deine Schöpfung vollendet sein. Die Liebe ist die Krönung all dessen, was du geschaffen hast. Ich gehe zu den Menschen, auch wenn es mich mein Leben kostet.“ Nach diesen Worten schloss Gott seine Tochter, barmherzige Liebe, in seine Arme und küsste sie – und schuf den Menschen.

Jubelnde Musik

III b: Eine alte jüdische Legende, wie gesagt. Zugleich eine Weihnachtsgeschichte, finde ich. Denn sie verweist auf den Weg des Erlösers zu den Menschen. „Lass mich gehen und deine Liebe zu den Menschen bringen …" – Lass mich zu den Menschen gehen, heute, in dieser Weihnachtsnacht. In einer groben Futterkrippe, in einer Viehhöhle wird der Kernsatz der Legende eingelöst: „Liebe ist die Krönung dessen, was du geschaffen hast!"

Weihnachten wird das Un-Mögliche möglich: In diesem kleinen hilflosen Bündel Leben finden Hirten – Gott!

Die Natur bildet (zumindest in unseren Breiten) das Weihnachtswunder in einem erstaunlichen Symbol ab: Mitten im Winter – während die übrige Natur ihren Winterschlaf hält – blüht sie auf: die Christrose!

Eine Christrose wird hochgehalten

Das Unmögliche wird möglich: Die Welt bekommt ein neues Gesicht. Wo Gottes Liebe die Erde berührt, da beginnt sie zu blühen.

Christrosen werden auf den Stacheldraht des Globus geheftet

Wir stecken Blüten von Christrosen in den Stacheldraht, der den Globus einschnürt. Trotz Stacheldraht, trotz Kälte und Tod in dieser Welt kann neues Leben aufblühen. Wo Gottes Liebe die Erde berührt, da wird das Leben neu, blühen Blumen mitten im Winter. Weihnachten wird als unmöglich Geglaubtes doch wahr!

Die Blüten machen uns Mut: Stiftet Frieden, wo Streit das Leben vergiftet! Schenkt Freude, wo Traurigkeit die Hoffnung erstickt! Taut mit brennender Liebe das Eis der erkalteten Beziehungen und des Hasses hinweg.

Evtl. die Schlussworte der dritten Tochter noch einmal sprechen

Alle Liebe ruft nach Antwort, alle Liebe ruft nach Gegenliebe. Nur mit unserer Liebe kann Gottes Liebe vergolten werden. Weihnachten wird das Unmögliche möglich. Gottes Liebe berührt in einem Kind die Erde und die Welt bekommt ein neues Gesicht. Amen.

T3: Lied: Da berühren sich Himmel und Erde

Text: Thomas Laubach, Melodie: Christoph Lehmann, aus: gib der Hoffnung ein Gesicht, 1989 © tdv Verlag Düsseldorf

2. Wo Menschen sich verschenken, die Liebe bedenken,
und neu beginnen, ganz neu,
da berühren sich Himmel und Erde …

3. Wo Menschen sich verbünden, den Hass überwinden,
und neu beginnen, ganz neu,
da berühren sich Himmel und Erde …

› T4: Gebet

Herr, wir danken dir, dass du dich von Liebe leiten lässt,
auch wenn es dich manchmal reut, uns Menschen geschaffen
zu haben mit unserer Selbstsucht und Engherzigkeit:
Du hältst zu uns, du lässt uns nicht im Stich.
Du hast uns ein Kind in die Krippe gelegt,
einen Sohn hast du uns geschenkt,
einen Wunder-Rat, einen Gott-hilft,
einen Gott-bei-den-Menschen!
Mit seiner Liebe möge er uns entzünden,
immer wieder neu.
Und heute, in der Heiligen Nacht:
Erlöse uns, Herr, von unserer Sünde.
Befreie uns von unserem Stacheldraht.
Und mit uns deine ganze Schöpfung.
Wie du es längst getan hast – auch heute, auch hier.

Amen.

12 DAS GEWAND DES KÖNIGS

› VORBEREITUNG ‹

Die Erzählung des Eingangsmärchens sollte durch vier verschiedene Tücher unterstützt werden, die sich der / die Erzählende an den entsprechenden Stellen umlegt:

- Rotes Tuch: Prachtgewand
- Blaues Tuch: Gelehrtenmantel
- Tuch mit Sternen: Zaubermantel
- Einfaches Leinentuch: Mantel des Königs

Es ist wünschenswert, dass mehrere SprecherInnen das Märchen vortragen, anschließend dann der Liturg die Kommentierung.

› VERLAUF ‹

Eingang	Musikalische Einstimmung	
	Begrüßung	z. B. mit **T1**
	Lied	EG 56, 1 ff. oder 14, 1 und 2
Mitte	Lesung	Jesaja 11
	Zwischenmusik	
	Ansprache in drei Teilen mit Sprecherwechsel und zwei Zwischenmusiken	**T2**
	Lied	EG 27,3
Ausgang	Gebet	**T3**
	Vaterunser	
	Lied	EG 27,5 und 6
	Segen	
	Nachspiel	

T1: Begrüßung

Herzlich willkommen zur Christmette hier in der *...*. Miteinander wollen wir hören und singen, feiern und teilen, was in der Heiligen Nacht geschah und immer neu geschieht: Gott wird Mensch!

Wir feiern dieses Weihnachtsfest und sind dankbar, dass * (*aktuelle Beispiele für ermutigende Nachrichten einfügen*) *
Wir feiern dieses Weihnachtsfest und sind bestürzt, dass * (*aktuelles Beispiel für eine Schreckensnachricht einfügen*) *.

Weihnachten eignet sich nicht zur idyllischen Verzeichnung, damals nicht und heute nicht.

Gottes Menschwerdung ereignet sich hinein in eine zerrissene, brennende Welt. Tag und Nacht, Licht und Schatten sind aufeinander bezogen. Im Namen des Mensch werdenden Gottes feiern wir diesen Gottesdienst – im Namen des Vaters und des Sohnes und des Heiligen Geistes. Amen.

T2: Ansprache

Es war einmal ein König, der war sehr gut zu seinen Leuten. Für alle hatte er stets ein offenes Ohr und ein weites Herz. Besonders liebte er die Armen, die Schwachen und die Kinder.

Eine Frage brannte ihm schon lange auf der Seele: Wer sollte einmal sein Nachfolger werden? Wer würde dieses hohe Amt wirklich gut und überzeugend ausfüllen und sich als König aller Untertanen erweisen können? Der

Beste sollte sein Nachfolger sein! Doch wer war der Beste und wie sollte er ihn finden? Der König dachte lange nach; dann hatte er eine Idee:

Er lud die jungen Männer seines Landes ins Schloss ein. Im Thronsaal hatte er mehrere goldene Schreine aufstellen lassen. In jedem der Schreine lag ein anderes Kleid. Die jungen Männer sollten nun herausfinden, welches von diesen Kleidern das Lieblingskleid des Königs sei. Und derjenige, der es herausfand, sollte der Nachfolger werden.

Im ersten Schrein lag ein prächtiger Mantel *(rotes Tuch umlegen!)*, aus kostbarem Garn gewebt und mit wertvollen Stickereien und Perlen besetzt. Sein Träger würde Hoheit und Würde ausstrahlen. Souverän und Ehrfurcht gebietend würde er darin durch die königlichen Gemächer schreiten und Hof halten. Respekt würde man ihm entgegenbringen, sich ihm unterwürfig nähern und auch die einfachen Leute würden beeindruckt sein. Es schien ganz offensichtlich: Dieser Mantel und kein anderer musste des Königs liebstes Kleid sein!

Im zweiten Schrein lag ein Gelehrtenmantel *(blaues Tuch umlegen)*, ein Gewand, wie es die studierten Leute und Professoren trugen. Es schien ganz offensichtlich: Dieser Mantel stand einem König gut! Klug sein, fremde Formeln und Texte erschließen, den Geheimnissen und Bauplänen des Lebens und der Welt auf der Spur sein, allseits geachtet und geehrt – das ziemte sich für einen König! Den Dingen auf den Grund gehen in einer Welt des Banalen, an Problemlösungen arbeiten, wo sich Probleme zu Bergen türmen – der Gelehrtenmantel *musste* einem guten König lieb sein!

Der dritte Schrein barg einen Mantel, wie Zauberer ihn tragen *(Tuch mit Sternen umlegen)*, Zauberer, die die Welt für einen Augenblick verwandeln, Hässliches schön scheinen lassen, Mangel in Überfluss wenden, Eisen zu Gold machen. Zauberer, die einen Hauch von Mystik und Geheimnis über eine Welt zu legen vermögen, der das Staunen fremd geworden ist. Der Zaubermantel – es schien ganz offensichtlich: *Er* wäre eine gute Wahl für einen König!

Doch in der Ecke stand noch ein Schrein. Auch er enthielt ein Kleid (*altes Leinentuch umlegen*). Und dieses Kleid unterschied sich grundlegend von den zuvor Genannten. Es war ein einfaches Leinenkleid, wie es die Bauern und einfachen Leute dieses Landes zu tragen pflegten, ein Kleid mit Flicken drauf und Löchern drin. Da war es ganz offensichtlich: Dies war niemals des Königs liebstes Gewand! Einen König, der sich so armselig kleidete, würde niemand erkennen, geschweige denn anerkennen!

Und doch war dieses unansehnliche Arme-Leute-Kleid das Lieblingskleid des Königs, und wer unter den jungen Männern seines Landes es wählte, der wurde zum Nachfolger im Geist des alten Königs ernannt. Wie schon gesagt: Der König hatte die Armen, die Schwachen und die Kinder in sein Herz geschlossen. Ihnen wollte er nah sein, nicht fern, und so kleidete er sich wie sie. Damit gab er den Leuten das Gefühl: Der König ist unter uns! Und das Gleiche wünschte er sich von seinem Nachfolger, damit sein Land mit allen seinen Bewohnern auch nach ihm in guten Händen sein durfte.

Zwischenmusik

Dieses Märchen erzählt mit seinen Worten die Weihnachtsgeschichte, die Geschichte von Jesus, die Geschichte des Messiaskönigs, der in unheiliger Umgebung im Stall geboren wird, Gott, der Mensch wird und die Leute spüren lässt: „Der König ist unter uns!" Fischer werden es sagen und Zöllner, Krüppel und Lahme werden es sagen, Frauen und Kinder werden es sagen: „Der Himmelskönig ist unter uns." Und die Hirten in der Nacht werden einander zuwispern: „Seht, ein Kind in Windeln – unser Heiland und Herrscher!"

Der Himmelskönig wird Mensch, ein kleiner Mensch, in dem Gott ganz klein anfängt auf dieser Erde. Dieser König blendet nicht durch den Glanz seiner Pracht und nicht durch die Brillanz seiner Weisheit.

Bruder will er sein, Mensch unter Menschen. Die Armen, die Schwachen, die Kinder schließt er besonders in sein Herz. Er will nah sein, nicht fern. Nicht König Herodes, sondern die kleinen Leute in ihren Arme-Leute-Kitteln beginnen, das Geheimnis Gottes, das Geheimnis dieser Nacht zu begreifen: „Der Himmelskönig ist unter uns." Er trägt das Gewand der Armen und Kleinen, hockt sich zu ihnen auf ihren Straßen und an ihren Zäunen. Überall, wo eine(r) arm ist und klein und schwach – wie er –, begegnen wir ihm.

Zwischenmusik

Auf viele Arten verkleidet begegnet er uns, begegnen wir dem Mensch gewordenen Gott:

- Er begegnet uns in den Hungrigen und Durstigen, in den nach Leben Hungernden und nach Sinn Dürstenden und manchmal in den verdrängten Themen unserer Lebensgeschichte.

- Er zeigt sich in Erfahrungen, die mir das Leben aufzwingt, in Trennung, Abschied und Schmerz, und lässt mich ahnen, dass ich nicht allein bin, sondern von einer unsichtbaren Kraft gehalten werde.
- Er kann uns nahe sein in den Tränen des Glücks und in den Seufzern der Verzweiflung.
- Wir können ihn spüren in Momenten der Stille, die mich inmitten allen Lärms durchatmen und nach dem fragen lässt, was mein Leben trägt und hält.
- Viel zu selten sehen wir ihn in den filigranen Wundern der Schöpfung, die die Geheimnisse des Schöpfers und der Schöpfung spiegeln.

Der König ist unter uns – in wechselnden Einkleidungen, nicht immer leicht auszumachen unter den grellen Lichtern des weihnachtlichen Schlosses. Du wirst ihm begegnen, vielleicht noch heute Nacht. Amen.

T3: Gebet

Lieber Gott, der du ein Herz für die Kleinen hast:
Sei bei uns heute Nacht und später in unseren Häusern.
Lass uns in dein Herz schauen
und steck uns an mit deiner Liebe.
Dass wir nicht auf das sehen,
was außen ist und äußerlich,
sondern nach innen, auf das Wesentliche.
Dass wir Nähe schenken und Heil stiften,
anstatt uns selbst zu erhöhen und zu feiern.
Dass wir dankbar sind für alle deine Gaben.
Vor allem aber: für dein Kommen in die Welt.
Der König ist unter uns:
Lass uns das von Herzen feiern! Amen.

13 ES IST EIN ROS ENTSPRUNGEN

Kath. Urfassung
Das Röslein, das ich meine,
davon Jesaja sagt,
ist Marie, die Reine,
die uns das Blümlein bracht.
Aus Gottes ewgem Rat
hat sie ein Kind geboren
und blieb die reine Magd.

Ev. Umdichtung
Das Röslein, das ich meine,
davon Jesaja sagt,
hat uns gebracht alleine
Marie, die reine Magd.
Aus Gottes ewgem Rat
hat sie ein Kind geboren
wohl zu der halben Nacht.

› VORBEREITUNG ‹

Die Gottesdienstbesucher erhalten ein Gottesdienstblatt: Abbildung „Rose“ sowie beide Versionen der zweiten Strophe von „Es ist ein Ros entsprungen“ (katholisch / evangelisch; s. o.). Auf dem Altar steht ein Strauß Rosen; evtl. ist die Kirche auch sonst entsprechend geschmückt. Schalen mit Rosenblättern zum Herumreichen stehen bereit. Ein Bild / Bilder – Maria mit Rose – ist / sind zur Projektion vorbereitet (www.v-r.de).

› VERLAUF ‹

Eingang	Musikalische Einstimmung	
	Begrüßung	z. B. mit **T1**
	Lied	EG 30,1
Mitte	Lesung	→ **T2**
	Zwischenmusik	Maria durch ein Dornwald ging
	Ansprache im Dialog; Bildprojektion und Aktion	→ **T3**
	Lied	EG 30,1–3
Ausgang	Gebet	**T4**
	Vaterunser	
	Segen	
	Lied	EG 44
	Nachspiel	

› T1: Begrüßung

Ein Klosterbruder fand in der Heiligen Nacht im tief verschneiten Wald eine Rose, eine blühende Rose. Voller Freude und staunend über das Rosenwunder grub er die Rose aus. Behutsam trug er sie ins Kloster. Er pflanzte die Rose in einen Topf und stellte den Topf vor dem Marienaltar der Klosterkirche ab.

Liebe Gemeinde, mit dieser schönen Weihnachtslegende begrüße ich Sie heute Nacht hier bei uns in der Kirche. Auch wir haben Rosen auf dem Altar und Maria – ja, die steht dort, an der Krippe (zeigen).

Rose, Maria, Weihnacht – auf wunderbare Weise gehört dies wohl zusammen. In der „Legenda aurea“, dem populärsten Volksbuch des Mittelalters, lesen wir es so: In der Weihenacht blühen die Rosen, verwandelt sich der Winterwald in einen Garten voller Blumen und spendet ein Brunnen Öl statt Wasser …

Sinnliche Ausdrücke dafür, dass heute Nacht der Himmel die Erde berührt, dass wir heute Nacht eine besondere Erfahrung machen können – heute Nacht, hier in unserer Kirche …

› T2: Lesung

Maria durch ein Dornwald ging,
Kyrie-eleis
Maria durch ein Dornwald ging,
der hat in sieb'n Jahrn kein Laub getragen.
Jesus und Maria

Was trug Maria unterm Herzen?
Kyrie-eleis
Ein kleines Kindlein ohne Schmerzen,
das trug Maria unter ihrem Herzen.
Jesus und Maria.

Da hab'n die Dornen Rosen getragen,
Kyrie-eleis
als das Kindlein durch den Wald getragen,
da hab'n die Dornen Rosen getragen.
Jesus und Maria

T3: Ansprache

Sprecher/in 1: Die Rose *(eine Rose hochhalten)* gilt als „Königin der Blumen". Rosen sind von betörender Schönheit, Rosen duften, Rosen erreichen ein hohes Alter – und: Rosen haben Dornen!

Sprecher/in 2: Im antiken Rom war die Rose der Venus, der Göttin der Liebe, gewidmet. Die Rose galt als Symbol himmlischer Vollkommenheit und Reinheit, von Leben und Tod, von Schönheit und Begierde – aber auch: als Sinnbild der Verschwiegenheit.

Sprecher/in 1: Die Rose – Symbol der Venus! Was für die Liebesgöttin gut war, konnte für Maria, „die reine Magd", nicht abträglich sein. Und so wurde – im Zuge der Christianisierung – die Rosensymbolik von der Venus auf die Gottesmut-ter Maria übertragen.

Sprecher/in 2: Seit dem frühen Mittelalter wird in Bildern und Liedern die Rose zum Attribut der Maria …

Meditative Zwischenmusik / Bilder zeigen

Sprecher/in 1: Eine solche Motivübertragung verarbeitet auch unser Lied „Es ist ein Ros entsprungen“. Das dem Lied zugrundeliegende Bild in Jesaja 11 weiß jedoch nichts von einer Rose:

Sprecher/in 2 (liest aus Jesaja 11): „Und es wird ein Reis hervorgehen aus dem Stamm Isais und ein Zweig aus seiner Wurzel Frucht bringen. Auf ihm wird ruhen der Geist des Herrn ... Gerechtigkeit wird der Gurt seiner Lenden sein und die Treue der Gurt seiner Hüften ... Da werden die Wölfe bei den Lämmern wohnen und die Panther bei den Böcken lagern ...Und ein Säugling wird spielen am Loch der Otter (Verse 1 bis 8 i.A.).

Sprecher/in 1: Also: Wo das Lied von einer „Rose“ singt, spricht der Prophet von einem „Reis“. Ein Reis ist ein Zweig, ein junger Trieb. Er wird wunderbarerweise aus einer (totgeglaubten) Wurzel eines Olivenbaumes / einer Eiche (gemäß Jesaja 6,13) hervorbrechen und neu ausschlagen. Für Jesaja war das in einer ausweglosen Zeit ein Hoffnungsbild und wurde auf die messianische Zeit gedeutet.

Sprecher/in 2: Was die frühen Christen auf Jesus bezogen – Jesus sei der neue Trieb aus Isais und Davids Stamm – das wird durch den Motivwechsel vom Reis zur Rose zum Marien-Symbol und das Lied wird zum Marienlied.

Sprecher/in 1: Oh ja, das sehen wir vor allem in der zweiten Strophe von „Es ist ein Ros entsprungen“ – Sie können es auf Ihren Gottesdienstblättern nachlesen: „Das Röslein, das ich meine, ... ist Marie die Reine“ – so singen es unsere katholischen Geschwister, sicherlich auch heute Nacht.

Der evangelische Komponist Michael Praetorius wiederum (auch das auf dem Gottesdienstblatt nachzulesen) stellt durch Umdichtung der zweiten Strophe den ursprünglichen Motivzusammengang wieder her: Das Röslein, das ich meine … hat uns gebracht alleine Marie, die reine Magd … Nicht Maria also, sondern Jesus ist die Rose bzw. das Reis, und Maria ist die Mittlerin. Sie bringt ihn uns, bringt ihn zur Welt.

Musikalisches Zwischenspiel

Sprecher/in 2 (liest noch einmal aus Jes 11): „Und es wird ein Reis hervorgehen aus dem Stamm Isais und ein Zweig aus seiner Wurzel Frucht bringen. Auf ihm wird ruhen der Geist des Herrn."

Sprecher/in 1: Auch in unserem Leben gibt es solche gekappten Bäume im Sinne abgestorbener Hoffnungen, erloschener Träume und enttäuschter Erwartungen, gibt es Brüche und Häutungen – im persönlichen und familiären Bereich, im beruflichen Umfeld, im Verhältnis zu Freunden, in unserem Glauben.

Sprecher/in 2: Hoffnungen – abgestorben … Träume – erloschen … Brüche …? Halten wir inne und besinnen uns … Welche Erinnerungen steigen auf, Erinnerungen an Zeiten, in denen die Rose nicht blühte …

Meditative Musik; Zeit zum persönlichen Nachdenken

Sprecher/in 1: Aber auch und vor allem das andere: Wo hat sich neues Leben eingestellt, eine neue Hoffnung Gestalt gewonnen ? Welche Erinnerungen steigen auf an Zeiten, in denen die Rosen neue Knospen bekamen und duftend zur Blüte gelangten?

Meditative Musik; Schalen mit Rosenblättern werden durch die Reihen gereicht.

Sprecher/in 2: Ich erinnere mich an eine Klagewand auf einem der früheren Kirchentage. Dort stand – mit Filzstift hingeworfen – folgender Satz: „Auf der Suche nach Leben bin ich gestorben." Ich weiß nichts über die Schreiberin dieser Zeilen – nur ihren Namen: Melanie. Ich weiß nicht, welche Erfahrung Melanie diesen Satz hat schreiben lassen „Auf der Suche nach Leben bin ich gestorben" … – eine gescheiterte Beziehung, eine Sucht, ein Unfall …? Jedenfalls blieb Melanies Satz auf der Kirchentagswand nicht ohne Echo. Ein anderes Mädchen mit Namen Elke schrieb dazu: „Manchmal muss man erst sterben, um wieder zu leben. Und dass du so fühlst, zeigt, dass du noch lebendig bist."

Sprecher/in 1: Manchmal müssen wir Träume begraben und erste Entwürfe zerreißen, um Raum für neue Hoffnungen zu gewinnen. Ohne solche Hoffnungen und Hoffnungsbilder, wie sie auch Jesaja und unser Lied formulieren, verkümmert menschliches Leben, ist es ohne Sinn und Perspektive.

Leben hat Sinn, jedes Leben hat Sinn, auch das beschädigte und verletzte und schon einmal gestorbene. Auch in den Weihnachtsgeschichten der Evangelisten begegnen uns Bilder und Symbole, die der Sehnsucht nach einem neuen Anfang, nach dem Wunder gelingenden Lebens, nach Heimat und Geborgenheit Ausdruck geben, auch wenn es da nicht Rosen sind, die aus dem Winterwald hervorbrechen.

Das Gotteskind, das den Gottesfrieden in die zerrissene Menschenwelt trägt, die Hirten, mit denen auch unserem Leben eine neue Qualität zugesprochen wird, die nicht auf die alten Muster der Lebensgeschichte festlegt, sondern neue Anfänge ermöglicht, der Stern als Metapher des Lichts, das in der Finsternis scheint und die Zeit neu qualifiziert, das Wunder der Jungfrauengeburt, das nicht im Sinne einer biologischen Festlegung zu verstehen ist …

Wer meint, sich damit abfinden zu müssen, dass das Wunder, auch das Weihnachtswunder, in seinem Leben auf sich warten lässt, dem und der sei mit Hilde Domin geraten: „Nicht müde werden, sondern dem Wunder leise wie einem Vogel die Hand hinhalten."

Sprecher/in 2: Wir feiern Weihnachten, weil Jesus der neue, lebendige Zweig aus den Wurzeln und Glaubenserfahrungen der Väter und Mütter ist. Er, der Hoffnungsträger, schenkt uns, den Erschöpften, immer wieder neuen Atem, lässt unsere Sehnsucht aufblühen, unsere Sehnsucht nach Leben und Liebe und der Möglichkeit immer neuer Anfänge.

Sprecher/in 1: Mit dieser Hoffnung können wir gegen alle Hoffnungslosigkeit und Sinnlosigkeit Leben gestalten und Welten verändern. Amen.

› T4: Gebet

Herr, unser Gott,

du hast die Dornen geschaffen und die Rosen. Du schenkst die Hoffnung und die Erfüllung. Du begleitest durch Täler und Schluchten, tief hinab. Und dann wieder hinauf bis auf die Spitzen der Berge. Du kennst das Leid und das Glück, den Schmerz und die Angst, die Erleichterung, das Aufleben nach Schwerem. In Christus bist du Mensch geworden und erträgst, was Menschen ertragen müssen. Und so vertrauen wir uns dir an mit unseren Hoffnungen und Ängsten, in Traurigkeit und Freude, wir schließen die Augen und schließen ein in unser Gebet, die wir lieben und die es brauchen. Und wir schließen mit der Bitte: Dein Wille geschehe. Amen.

14 WEIHNACHTS-KYRIE

VORBEREITUNG

Vorlage des Bildes „Geburt Jesu“ von Sieger Köder (Rosenberger Altar) besorgen und auf OH-Folie kopieren. OH-Projektor und weiße Projektionsfläche.

Schablone zum partiellen Abdecken des Bildes in drei Stufen: a) nur die Mitte, b) Mitte und unten, c) Totale.

Gegebenenfalls Karten mit dem Bildmotiv als Gabe zum Mitnehmen.

› VERLAUF ‹

Eingang	Musikalische Einstimmung	
	Begrüßung	z. B. mit **T1**
	Lied	EG 27,1 bis 3 und 6
Mitte	Lesung	Galater 4,4–7
	Musik	
	Bildmeditation in drei Teilen	mit **T2**
	Musik	
Ausgang	Gebet	**T3**
	Vaterunser	
	Segen	
	Lied	EG 16,1 bis 3 und 5
	Nachspiel	

T1: Begrüßung

Mit Worten Jochen Kleppers begrüße ich Sie herzlich, mit Worten, die zugleich das Thema dieser Heiligen Nacht angeben:

Die Welt ist heut voll Freudenhall.
Du aber liegst im armen Stall.
Dein Urteilsspruch ist längst gefällt,
das Kreuz ist dir schon aufgestellt.
Kyrie eleison!

Die Welt liegt heut im Freudenlicht.
Dein aber harret das Gericht.
Dein Elend wendet keiner ab.
Vor deiner Krippe gähnt das Grab.
Kyrie eleison!

Die Welt ist heut an Liedern reich.
Dich aber bettet keiner weich
und singt dich ein zu lindem Schlaf.
Wir häuften auf dich unsere Straf'!
Kyrie eleison!

EG 50, 2–4

T2: Bildmeditation

Projektion des Bildes, nur der Mittelteil ist aufgedeckt

Vieles ist uns vertraut an diesem Bild weihnachtlicher Idylle des Malermönchs Sieger Köder: Maria, in leuchtendes, himmlisches Blau gehüllt. Das Kind im nächtlichen

Stall – offen und erwartungsvoll wendet es sich dem Betrachter zu, mit einer Geste (linke Hand), die Zärtlichkeit und Einladung zugleich ausdrückt.

Ein Hirtenmädchen vervollständigt das Dreieck: Voller Andacht faltet es anbetend die Hände. Es repräsentiert die kleinen Leute – die Kinder und die späteren Weggefährten Jesu, die Fischer und Zöllner, die Tagelöhner und die Kranken.

Eine idyllische Szene – millionenmal gemalt, geschnitzt, beschrieben, besungen – Weihnachten, ein Ereignis, das immer ein wenig Gefahr läuft, verkitscht, missdeutet, missbraucht zu werden für sentimentale Gefühle.

Vielleicht sollten wir nicht zu hart urteilen. Vielleicht brauchen wir ja in einer Welt der Fakten und der Falken und des Zweckrationalen ab und zu das Gefühlvolle, das Anrührende und Idyllische von Stall und Krippe, von Kind und Windeln und guten Hirten als Gegengewicht.

Zwischenmusik; den unteren Teil des Bildes mit aufdecken

Aus dem unteren Bildrand wächst als Frucht der Wurzel Jesse König David heraus. In königlichem Purpur, im Gebetsmantel, hält er Ausschau nach dem Spross aus seinem Geschlecht.

Ewigen Bestand hat Gott seinem Thron verheißen. David trägt den Krippenthron des soeben geborenen Königs der Juden. Die Seitenwand der Krippe nennt den Hoheitstitel des Kindes: INRI: Jesus Nazarenus Rex Judaeorum, d.h. „Jesus von Nazareth, König der Juden“. Diese Inschrift wird Herodes einst dem Gekreuzigten beigeben.

Weiße Christrosen schmücken die Wurzel Jesse. Christrosen sind eine der wenigen Blumen, die auch im Winter blühen. Doch in Sieger Köders Bild sind sie mehr als ein weihnachtli-ches Accessoire. Die Fünfzahl weist voraus auf die fünf Wundmale des Gekreuzigten. Bereits die Geburt des messianischen Kindes steht also im Zeichen der kommenden Passion.

Im Weihnachtsoratorium hat J.S. Bach darum dem Adventslied „Wie soll ich dich empfangen“ die Melodie des Passionsliedes „O Haupt voll Blut und Wunden“ unterlegt.

Zwischenmusik; das ganze Bild zeigen

Oben bzw. über Maria: mit unnatürlich verdrehtem Kopf, schlafend und träumend – Josef, der Mann im Hintergrund.

Schlafend und träumend:

- von einer erneuerten, menschlicheren und gerechteren Welt, wo Wölfe bei den Lämmern wohnen und Löwen friedlich Stroh fressen;
- im Konflikt zwischen nagendem Zweifel und vertrauender Liebe;
- von Albträumen geplagt, weil dem Kind von Herodes tödliche Gefahr droht;
- im Traum schon sehend den Weg ins Leben, den der Engel ihm weist.

Zwischenmusik

Stämmige Balken tragen das Stalldach. Bei genauerem Hinsehen verwandeln sich die Hölzer in die drei Kreuze der Passion. Ikonografisch bedeutet das: Über der Krippe zeigen sich bereits die Schatten des Kreuzes – das eine ist nicht ohne das andere zu haben und zu feiern! Weihnachten und Karfreitag liegen näher beieinander, als uns manchmal lieb ist.

Das göttliche Kind lädt uns mit ausgebreiteten Armen ein: Kommt, ihr nach Brot und Leben Hungernden, ihr Weinenden, ihr Gehetzten und Ausgebrannten: Macht's wie Gott – werdet Mensch! Amen.

› T4: Gebet

Vater im Himmel, dein Sohn kam auf die Welt mit ausgebreiteten Armen, freundlich und vertrauensvoll. Er kam, uns zu sagen: Wir seien bei dir in guten Händen. Doch er war nicht in guten Händen bei uns. Wir ließen ihn leiden und sterben. Wir, Herr, nicht du. Dann hing er da – am Kreuz und wieder freundlich und mit ausgebreiteten Armen. Kommt her zu mir, die ihr mühselig und beladen seid – so lädt er uns ein, noch immer.

Herr, lass uns dem Kind in der Krippe glauben: seiner Botschaft, seiner Liebe. Und lass uns an ihm lernen, die Wehrlosigkeit und achten und zu schätzen – in jedem unserer Brüder und Schwestern und Mitgeschöpfe. Du bist der Herr des Lebens, Herr. Amen.

15 LICHT UND SCHATTEN

www.digitalstock.de

› VORBEREITUNG ‹

Die Osterkerze steht gut zugänglich beim Taufstein. Für jeden Gottesdienstbesucher wird ein Teelicht im Glas bereitgehalten.

› VERLAUF ‹

Eingang	Musikalische Einstimmung	
	Begrüßung	z. B. mit **T1**
	Lied	EG 16,1
	Gebet	**T2**
Mitte	Musik	
	Meditation (zwei Teile, dazwischen Musik und die Kerzenaktion	→ **T3**
	Lied	EG 16,3 bis 5
Ausgang	Gebet	**T4**
	Vaterunser	
	Segen	
	Lied	EG 44
	Nachspiel	

T1: Begrüßung

Es ist still geworden – in uns und draußen auf den Straßen. Nur wenige sind noch unterwegs. Die Heilige Nacht hat begonnen. Äußerlich unterscheidet sie sich in nichts von anderen Nächten. Und wie jede Nacht ist sie ein Gleichnis für die Welt, in der wir leben, für das Dunkel der Angst, für die Verborgenheit der Zukunft, auch für die Schatten des Todes.

Und doch ist diese Nacht so einzigartig und ganz anders als jede andere Nacht: Gottes Licht scheint in die Finsternis, ließ und lässt es hell werden für alle, „die da wohnen im finsteren Land".

Unzählige waren und sind aufgebrochen zur großen Weihnachtsprozession. Sie führt dahin, wo das Kind zu finden und zu preisen ist. Wir sind heute Nacht Teil dieser Wanderung zum Stall.

In die Nacht der Welt hineingeboren, will das Kind in der Krippe die Dunkelheit unseres Lebens hell machen.

T2: Gebet

Gott, in dunkler Nacht bist du erschienen,
bist Mensch geworden in deinem Sohn,
um Licht in unsere Dunkelheit zu tragen.

Scheide die Dämmerung vom Licht
in unseren Herzen
in unseren Familien
in unserer Stadt

in unserem Land
in unserer Welt.
Scheide das Licht von der Finsternis,
wie du es tatest, als deine
Schöpfung noch jung war. Amen.

T3: Meditation

Weihnachtszeit ist Lichterzeit. Lichter schmücken Straßen und Marktplätze, Tannen und Schaufenster. Allüberall leuchten und glitzern Sterne und Ketten, Engel und Glocken. Millionen von LED-Lampen schreiben immer raffiniertere Botschaften in den vorweihnachtlichen Himmel.

Wahr ist: Licht kann eine Stadt, ein Dorf verzaubern, Licht kann Sicherheit vermitteln und Orientierung erleichtern. Licht ist und schenkt Leben.

Wahr ist aber auch: Licht kann blenden und aus-blenden; zu „laut", zu kalt, zu grell sind heute oft die Weihnachtslichter, um noch Dunkles zu erhellen. Die Allgegenwart von Licht in unseren Breiten macht Dunkelheit fast zu einer virtuellen Erfahrung.

Die vielen Lichter überdecken und kaschieren häufig das „Dunkle" der Welt, ohne es wirklich grundlegend und von innen her in verändernde Hoffnung ummünzen zu können.

Aktuelle Beispiele für „Dunkelheit", für dunkle Ereignisse / Erfahrungen / Schatten aus dem Erfahrungsbereich der Gottesdienstbesucher / der Stadt / der Welt … einbringen / thematisieren

Die Heilige Nacht steht im Kontext des Unheiligen, des Dunklen, des Kranken einer vernarbten und verschorften Welt. Johannes sagt es so: „Das Licht scheint in der Finsternis“ (Joh 1, 5).

Wer also das Geheimnis der Weihnachtsbotschaft erfassen bzw. erahnen will – Gottes Licht scheint in der Finsternis, Licht, das Leben schafft – muss zuvor die Finsternis wahrnehmen und sie zulassen, Finsternis ohne Hellefilter, Finsternis ohne Lichtnarkose, Finsternis ohne Lichtschimmer.

Musik

Aktion (1)

Nach entsprechender Ankündigung und Bezug auf das zuvor Gesagte Licht herunterdimmen bzw. löschen, um Dunkelheit sinnlich wahrnehmen zu können

Musik

Aktion (2)

Licht (Osterkerze o. ä.) von außen in die Kirche zum Altar tragen; dazu

Lesung: Jes 9,1 –6 (parallel zum Hereintragen des Lichtes)

Alternative: Statt der Jesajalesung von verschiedenen Stellen des Gottesdienstraumes und von verschiedenen Sprechern mehrere Lichttexte (Bibel und Lieder) im Sinne einer Textcollage rezitieren lassen: z. B. Jes 60,1; Joh 1,5; 8,12; EG 33,1; 37,3; 40; 56; 537 …

Musik

Deutendes Gebet

Herr, Licht ist Leben. Licht ermöglicht erst Leben. Du bist Licht, du bist Leben. Von dir empfangen wir es. Indem wir Licht in die dunkle Kirche hereintragen, können wir ahnend – wie in einem Spiegel – abbilden, dass wir Licht und Leben nicht selber machen, sondern es von dir empfangen. Du beschenkst uns. Dein Licht scheint in der Finsternis, in der Finsternis unserer Zweifel, unserer Unzufriedenheit, unserer Missgunst, unserer Habgier, unserer Fragen …

Lass dein Licht in uns und durch uns leuchten. Amen.

Musik

Aktion (3)

Licht empfangen und weitergeben: Durch Helfer/innen wird Licht von der Osterkerze auf dem Altar zu den Bänken getragen, wo das eingangs erhaltene Teelicht angezündet und das Licht weitergegeben wird.

Die Kerze ist mir leises, doch aussagekräftiges Symbol für das Geheimnis der Menschwerdung Gottes: Das Licht der Kerze leuchtet, leuchtet in der Finsternis. Da ist kein Meer von Lichtern, die die Nacht zum Tag machen, kein kaltes Neonlicht, das die Künstlichkeit des Künstlichen nur noch unterstreicht.

Das Licht bleibt Licht in der Finsternis. Wo sein Licht leuchtet – leise und leicht zu übersehen –, da ereignet sich immer ein Stück Lichtung der Welt.

Das Licht der Kerze ist mir auch aussagekräftiges Symbol für das Geheimnis der Menschwerdung Gottes: Die Kerze leuchtet, wärmt, wirft und akzentuiert Schatten, indem sie sich verzehrt. Nur indem sie sich verwandelt und selbst abnimmt, vermag sie Licht und Wärme zu spenden.

Ich weiß von einem, da war es ähnlich: Er behielt nichts für sich, er verschenkte, was er hatte – und wurde doch nicht ärmer. Er wurde und wird für andere zum Leuchtfeuer und Signal in der Nacht, zum Licht, das erkaltete Asche zu neuem Leben entfacht.

Dieser Schein trügt nicht. Er verströmt so viel menschliche Wärme und Nähe – und wird doch nicht kalt darüber. Sein Licht scheint in der Finsternis.

T4: Gebet

Vater des Kindes im Stall.

Du kommst zu uns inmitten der Nacht
und lässt es in uns Weihnachten werden.

Manchmal fällt es uns schwer,
unter all den Irrlichtern dein Licht zu erspähen.

Lass uns ein Licht, lass uns dein Licht aufgehen,
das Licht einer neuen Welt, das Licht einer neuen Zeit.

Lass uns das Licht deiner Liebe wider- und weitergeben,
mach uns zu Transparenten deiner Liebe. Amen

› T5: Segen und Sendung

Christus hat ein Beispiel gestiftet. Der Kerze gleich hat er Licht und Wärme an andere weitergegeben. Tut's ihm gleich! Nehmt die Kerze mit. Sie sagt euch: Gott wird Mensch in Jesus – Gott ist mitten unter uns – auch inmitten der Nacht. Verschenkt die Kerze, verschenkt Gottes Liebe.

Der Herr segne euch …